# 서라벌의 꿈

# 서라벌의 꿈

**첫판 1쇄 펴낸날** 2012년 8월 9일
**18쇄 펴낸날** 2025년 9월 30일

**지은이** 배유안  **그린이** 허구
**기획** 이현  **감수** 전국초등사회교과모임
**발행인** 조한나
**주니어 본부장** 박창희
**편집** 박고은 정예림 강민영
**디자인** 전윤정 김혜은
**마케팅** 김인진 김은희
**회계** 양여진 김주연

**펴낸곳** (주)도서출판 푸른숲
**출판등록** 2003년 12월 17일 제2003-000032호
**주소** 경기도 파주시 심학산로 10, 우편번호 10881
**전화** 031) 955-9010  **팩스** 031) 955-9009
**홈페이지** www.prunsoop.co.kr  **인스타그램** @psoopjr
**이메일** psoopjr@prunsoop.co.kr  **제조국** 대한민국

Text copyright ⓒ 배유안, 2012

ISBN 978-89-7184-680-3 74810
    978-89-7184-663-6 (세트)

- 잘못된 책은 구입하신 서점에서 바꾸어 드립니다.
- KC 마크는 이 제품이 공통안전기준에 적합하였음을 의미합니다.
- 던지거나 떨어뜨려 다치지 않도록 주의하세요.
- 이 책 내용의 전부 또는 일부를 재사용하려면 저작권자와 푸른숲주니어의 동의를 받아야 합니다.

# 서라벌의 꿈

배유안 글 | 허구 그림 | 전국초등사회교과모임 감수

푸른숲주니어

■ 추천의 말

## 삼국 통일을 바라보는
## 또 다른 시선

　여러분은 김춘추를 어떤 사람으로 기억하고 있나요? 삼국 통일을 이룬 왕? 아니면 외국 힘을 빌린 주체성 없는 왕? 어찌 됐든 김춘추 하면 삼국 통일이라는 단어가 먼저 떠오를 겁니다. 그런데 김춘추가 삼국 통일을 결심하게 된 가장 큰 계기는 무엇일까요? 그건 딸 고타소가 백제와의 전쟁에서 잔인하게 죽게 된 일입니다. 이는 김춘추의 일생과 고구려 백제 신라의 미래를 바꾸는 큰 사건이 되지요.
　교과서에서는 삼국 통일에 대해 신라가 당나라와 연합하여 백제와 고구려를 멸망시키고, 당나라 세력까지 몰아냈다고 정리합니다. 큰 사건들과 주요 인물들의 이야기가 전부이지요. 그러나 그 인물들에게 어떤 고민이 있었고, 어떤 어려움을 겪었는지는 잘 알기 어렵습니다. 그 당시 신라 사람들의 생각이나 마음은 더욱 알 수 없고요.
　《서라벌의 꿈》은 김춘추가 삼국 통일의 뜻을 강하게 다짐하던 그때의 역사를 이야기합니다. 역사의 중심에 있었던 춘추공과 그의 가족, 그리고 함께 살았던 평민 소년 부소의 이야기를 통하여 당시 서라벌 신라인들의 어려운 삶과 희망을 보여 주고 있지요.

항상 나라의 튼튼함과 백성의 안녕을 생각하는 춘추공, 아버지의 뜻을 따라 새로운 세상을 꿈꾸는 아들 법민, 왕족으로서 나라를 생각하며 아버지가 뜻을 펼치는 데 도움이 되고 싶었던 딸 고타소. 부소는 이들을 어려서부터 지켜보며 희로애락을 함께합니다. 춘추공 가족과 부소의 이야기를 읽다 보면, 이들이 어려운 시절에 어떻게 삼국 통일을 꿈꾸기 시작했는지를 짐작할 수 있습니다.

부소는 다른 신라 소년들과 마찬가지로 나라를 지키기 위해 용감하고 씩씩해야 한다는 대의와 홀로된 어머니를 책임지고 가정을 지켜야 한다는 현실 사이에서 고민합니다. 전쟁보다는 평화를 더욱 간절히 바라지요. 결국 전쟁터에 나가게 되지만 동료의 모함을 받아 억울하게 배신자로 몇 년을 도망 다니는 처지가 되기도 합니다. 작가는 부소의 뒤를 따라다니며 전쟁 중에 많은 어려움을 겪는 신라인들의 모습을 생생하게 보여 줍니다.

이처럼 이 책은 '용맹하게 싸워 얻어 낸 삼국 통일' 이야기가 아닙니다. 대신 전쟁 때문에 어려웠으나 삼국 통일의 희망을 만들어 가는 당시 신라 사람들의 모습을 자세히 보여 주려 애썼지요. 그래서 '과연 누구를 위한 삼국 통일이었나?' '누가 삼국 통일을 이룬 것인가?' 독자들에게 질문을 던지는 것입니다. '삼국 통일'을 두고 부소의 편에 서서, 또 김춘추 편에 서서 역사가 왜 이렇게 흘러올 수밖에 없었는지 생각해 볼 수 있는 기회가 되었으면 하는 바람입니다.

문재경(부산 옥천초등학교 교사, 전국초등사회교과모임 공동 대표)

## 차례

추천의 말 · 4

도망자　　　　　　　9
고타소와 법민　　　27
춘추공의 고민　　　46
한수　　　　　　　57
모전 공방　　　　　64
고타소의 혼인 소식　75
나무 새　　　　　　88
군사가 되다　　　　95

| 칠중성 전투 | 104 |
| 배신자라고? | 117 |
| 무덤을 지키는 새 | 135 |
| 부소의 길 | 151 |

**작가의 말** • 162
**동화로 역사 읽기**_ 신라는 어떻게 삼국 통일을 했을까? • 165

# 도망자

 멀리 한수* 물줄기가 유유히 흐르는 너머, 지는 해가 성재산 능선에 걸려 있었다. 산을 거의 내려온 부소는 잠시 멈춰 서서 해가 건너편 산 뒤로 잠겨 가는 것을 보았다. 길게 휘어진 적성산성이 성재산 허리를 두르고 있었다. 해가 제 모습을 다 감추기까지 시간은 얼마 걸리지 않았다. 아직 발그레한 기운이 남은 하늘은 눈에 띄게 빛을 잃어 갔다. 산 능선은 그만큼 더 뚜렷해지며 산과 하늘의 경계를 분명히 했다. 차가운 칼바람이 뺨을 스쳤다.
 '서라벌에도 겨울바람이 불겠지.'

---

**한수** 지금의 한강.

부소는 가만히 한숨을 내쉬고 불룩한 망태기를 고쳐 메며 발걸음을 떼었다.

이 년 넘게 여기저기 숨어 다니다가 이곳 단양의 모전* 공방에 흘러온 지도 벌써 일 년이 넘었다. 공방은 부소에겐 아주 익숙한 곳이다. 모전 기술자인 어머니 덕분에 어려서부터 공방을 들락거리며 놀곤 했다.

아직은 염료에 쓸 꽃이나 잎을 따고 물을 데우고 나르는 등 잔심부름을 하는 정도지만, 가능하다면 이곳에 정착하여 일을 배우고 싶었다. 하지만 부소는 이내 고개를 흔들었다. 다른 곳보다 오래 머물고 있는 셈이지만 어차피 길게 있지는 못할 것이다.

집 안으로 들어서니 기술자 아저씨가 기다렸다는 듯이 부소를 붙잡았다.

"어르신께서 가실 데가 있다는데 네가 모시고 다녀와야겠다."

공방 어르신은 연륜 있는 모전 장인으로 이곳 공방을 책임지고 있었다.

곧 저녁 참인데 어딜 가시나 하면서 사랑채로 갔더니 지게 하나가 준비되어 있었다. 모전으로 보이는 물건이 비단에 싸여 얹혀 있었다. 어르신이 옷단장을 말끔하게 하고 방에서 나왔다.

"따라나서거라."

---

**모전** 양털 따위의 털로 두툼하게 짠 양탄자.

어르신이 앞장을 서며 말했다.

부소는 말없이 지게를 지고 뒤를 따랐다. 말을 별로 하지 않는 것, 부소가 숨어 다니며 터득한 꽤 괜찮은 처세였다. 그만큼 사람들도 이것저것 물어보는 게 적었다. 숨길 게 많은 부소로서는 누군가와 친하게 지내지 않는 게 속이 편했다. 어르신 역시 말을 아끼는 사람이라 부소가 몸 붙여 살기가 한결 수월했다.

들을 지나 제법 크다 싶은 어느 마을에 들어섰다. 몇몇 집 문간에 횃불이 밝혀 있고 사람 소리가 두런두런 났다. 초상이 났거나 큰 잔치가 있나 보다 하며 걷는데 저만치 보이는 어느 집 대문 앞에 군사 몇이 창을 들고 서 있었다. 부소는 간이 덜컥했다.

'이 시골 마을에 무슨 일로 군사가?'

부소는 절로 몸이 움츠러 들었다. 추운 척하며 목에 두른 수건을 코까지 끌어 올렸다.

하필이면 어르신이 그 집 앞에서 걸음을 멈추었다. 대문 양쪽에 밝혀 둔 횃불이 일렁거렸다. 부소는 손이 떨리는 걸 보이지 않으려고 팔짱을 꼈다. 태연한 척했지만 자꾸 군사들 쪽으로 신경이 곤두섰다. 집주인인 듯한 노인이 나오더니 곧장 어르신에게 다가와 말했다.

"애썼네."

어르신이 공손히 머리 숙여 인사하고서 말했다.

"위험한 사행길이라며 다들 성의를 모아 주어서 모전을 마련

했습니다."

사행길이라는 말에 부소는 가슴이 철렁했다.

'사행길이라면 사신이 가는? 여기 단양을 지난다면 백제는 아니겠고, 설마 고구려?'

불과 몇 년 전에 전쟁을 했던 고구려에 사신이 간다는 게 의아했다. 어쨌든 사신 행렬이라면 큰 규모였다. 그래서 수행 군사들도 많을 것이었다. 부소는 얼른 이곳을 떠나고 싶었다. 그러나 어르신은 부소를 데리고 집주인을 따라 집 안 깊숙이 더 들어갔다. 사랑채에 이르자 어르신은 부소에게 눈짓을 했다. 부소는 얼른 지게를 내렸다.

"여기서 기다리거라."

어르신은 집주인과 함께 방 안으로 들어갔다.

'먼저 가 버릴까?'

그랬다가는 괜히 어르신한테 의심을 살 것이다. 올겨울도 이곳 공방에서 잘 보내나 했는데 또 떠나야 할지 몰랐다. 마당에도 군사들 여럿이 창을 들고 서 있었다. 부소는 고개를 돌렸다. 여차하면 달아나야 했다. 부소는 마당 끝에 서서 초조하게 어르신이 나오기를 기다렸다. 얼굴이 보이지 않게 등을 돌렸다. 뒤쪽에서 군사들의 숨소리까지 들리는 듯했다.

이윽고 문소리가 나서 돌아보니 어르신과 집주인이 방에서 나오고 있었다. 어르신이 허리를 굽혀 절을 했다. 그러자 활짝 열린 방문 안으로 갑옷을 입은 장수가 보였다. 부소는 갑옷을 보고 놀라서 얼른 몸을 돌렸다. 하지만 이미 장수의 얼굴을 보아 버린 뒤였다. 부소는 심장이 쿵! 하는 소리를 들었다. 온몸이 그대로 얼어붙는 것 같았다.

김춘추, 춘추공! 그 어른이었다. 이렇게 맞닥뜨리다니.

부소는 얼른 정신을 차리고 대문 밖으로 나와 담벼락에 붙어 섰다. 겨우 몇 발짝 움직여 담 모퉁이를 돌아 몸을 숨겼다. 하지만 늦었다. 투두둑, 뒤에서 이쪽으로 오는 발소리가 들렸다. 춘추공도 부소를 알아본 게 틀림없었다.

'도망가야 해!'

부소는 잰걸음을 치다가 뛰었다. 다리가 후들거려 제대로 뗄 수가 없었다.

"거기 서!"

발소리는 금세 가까워졌다. 부소는 담장 몇 개도 지나지 못하고 잡히고 말았다. 양 겨드랑이를 붙잡힌 채 질질 끌려갔다.

춘추공이 마당에 나와 있었다. 군사들이 거칠게 부소를 무릎 꿇렸다. 부소는 고개를 들지 못하고 어깨를 움츠렸다. 군사가 부소 턱을 잡고 쳐들었다.

춘추공이 깊고 검은 눈으로 부소를 바라보았다.

"부소……."

춘추공은 말을 삼켰다. 부소임을 확인하는 눈빛에 놀라움이

비쳤지만 늘 그랬듯이 속을 읽어 낼 수 없는 표정이었다. 얼굴 가득 기품은 여전했으나 한눈에도 춘추공은 전보다 야위었다. 부소는 두려우면서도 반가운 마음이 와락 들었다. 생각지도 않게 눈물이 핑 돌아 얼른 고개를 돌렸다. 춘추공이 담담하게 말했다.

"일어나거라."

군사가 부소를 일으켜 세웠다. 공방 어르신은 춘추공과 부소 사이에서 안절부절못했다.

"춘추공, 왜 그러십니까? 이 아이가 무슨 못된 죄라도……."

춘추공은 말없이 고개만 흔들었다. 어르신이 더듬으며 말했다.

"일 년쯤 전에 이곳으로 흘러 들어왔는데 쓸 만하고 미더워서 집에서 일꾼으로 쓰고 있는 놈입니다."

"별일 아니오. 예전부터 잘 아는 아이오. 얘기 좀 하다가 돌려보낼 터이니 걱정 말고 먼저 가시오."

춘추공은 정말 별일 아니란 듯이 가볍게 말했다. 어르신은 불안한 얼굴로 부소와 춘추공을 번갈아 보며 몇 걸음 물러섰다.

부소는 방으로 이끌려 갔다. 춘추공은 군사에게 물러가라 눈짓했다. 군사는 멈칫거리다가 부소 몸을 샅샅이 훑어 내려 보고서야 나갔다. 둘만 남게 되자 춘추공이 가까이 다가왔다.

"부소야!"

부소는 꼼짝하지 않았다. 가슴만 쿵쿵 뛰었다. 춘추공이 부소의 어깨를 붙잡았다.

"살아 있었구나."

춘추공의 단단한 손길이 닿자 부소는 가슴이 먹먹해졌다.

"돌아올 수가 없었느냐?"

옛날 그 손길이었다. 부소 아버지 염길이 낭비성 전투에 나가 전사했을 때, 춘추공은 당시 여덟 살이던 부소 어깨에 손을 얹고 말했다.

"나를 아비라 여겨도 좋다. 네 아비는 나의 벗이자 형이었으니 내가 너를 돌볼 것이니라."

어머니의 치맛자락을 붙잡은 채 겁먹은 눈으로 춘추공의 눈치를 보고 있던 어린 부소는 춘추공의 따뜻하고 묵직한 손길에 마음이 놓였다.

그때 그 손길이었다. 부소는 그만 어깨를 들썩이며 눈물을 쏟았다.

"힘들었겠구나."

춘추공의 목소리는 한숨이 섞여 있었으나 따뜻했다. 부소는 춘추공이 최소한 자신을 붙잡아 가지는 않을 것이라는 생각이 들었다.

군사가 와서 저녁 준비가 다 되었다고 전했다. 춘추공은 여기서 먹겠으니 부소 것까지 들여오라 일렀다. 부소는 제 몫으로 따로 내온 밥상 앞에서 머뭇거렸다. 춘추공은 귀하디귀하신 분이었다. 차를 같이 마신 적은 있으나 언감생심, 이렇게 한방에서

밥을 함께 먹어 본 일은 없었다. 춘추공이 숟가락 가득 밥을 뜨며 먹으라는 시늉을 하자 부소는 그제야 우물쭈물 숟가락을 들었다. 춘추공은 부소 쪽을 보지 않으려 애쓰며 조용히 밥을 먹었다. 뭐라도 물으면 겁먹은 부소가 제대로 먹지 못할까 봐 그러는 것이 틀림없었다.

부소가 문득 고개를 드니 춘추공이 부소의 오른쪽 손목을 보고 있었다. 손목에는 팔 쪽으로 손가락 하나 길이 정도의 두툼한 흉터가 있었다. 부소는 숟가락을 든 채 슬그머니 손을 밥상 아래로 내렸다. 춘추공이 이 흉터를 기억하고 있는 걸까?

저녁상을 물리자 이내 찻상이 들어왔다. 춘추공이 찻잔을 들면서 짐짓 무심한 듯 물었다.

"그런데, 정말 고구려에 투항을 했던 것이냐?"

부소는 가슴이 철렁했다. 올 게 온 것이다. 부소는 대답을 못 하고 고개를 푹 꺾었다.

"고구려군이 칼을 들이대자 바로 신라군의 계략을 실토했다고 들었다. 맞느냐?"

"……"

춘추공의 목소리와 말투는 아까와는 다르게 날카롭고 냉정했다. 죄를 묻지 않을 거라는 생각은 착각이었던 모양이다. 부소는 가슴이 졸아들어 고개를 들지 못했다.

"이렇게 숨어 다니는 걸 보면 더 물을 것도 없지만 그래도 아니기를 바랐다."

　춘추공은 다시 부드러운 목소리가 되었다. 하지만 부소에게 그 말은 차라리 죽은 게 낫지, 비겁한 투항자는 아니기를 바랐다는 말로 들렸다.

　"저는 죽을 수가 없었어요!"

　갑자기 부소가 소리쳤다.

　"소인의 어미는 아버지도, 오라비도, 남편도 다 잃었는데, 그런데, 저까지 어떻게 죽어요?"

　춘추공 눈이 커졌다. 춘추공 앞에서 눈을 똑바로 뜨고 소리를 치다니, 부소는 스스로도 깜짝 놀라 질려 버렸다. 춘추공은 부소를 한참 바라보더니 낮게 말했다.

　"그래서, 엄격한 군율도 신라군에게 목숨보다 중요한 대의도 너에겐 마른 삭정이처럼 가벼웠던 것이냐?"

　"저는 장수도 아니고 화랑도 아니에요. 대의가 다 뭡니까? 어머니 혼자 남겨 두고 대의 그까짓 게 뭐냔 말입니다."

　춘추공의 눈썹이 꿈틀했다. 대의 그까짓 거, 부소는 제가 한 말 때문에 입이 얼어붙었다. 대의는 춘추공이 목숨처럼 아끼는 말이었다. 춘추공이 찻잔을 들어 천천히 마셨다. 부소는 바닥으로 눈을 돌렸다. 숨 막힐 듯한 침묵이 흘렀다. 이윽고 찻잔 놓는 소리가 들리고 이어서 춘추공의 목소리가 들렸다.

　"그래도 고구려군에서 용케 도망을 친 게로구나. 그때 바로 돌아오지 그랬느냐? 그랬으면…….”

따뜻한 음성이었다. 부소는 힘 빠진 목소리로 대답했다. 자기도 모르게 울먹이는 소리가 나왔다.

"그랬으면 바로 처형되었을 거 아닙니까?"

춘추공은 아니라고 말하지 않았다. 그때 돌아갔더라면 춘추공은 부소가 처벌받는 걸 모른 체했을까? 아니면 군율을 거스르고 억지로라도 죄를 덮어 주었을까? 그랬으면 이렇게 삼 년 넘게 숨어 살지 않아도 되었을까? 부소는 속으로 고개를 흔들었다. 춘추공은 대의와 원칙에 엄격한 사람이었다. 게다가 다른 군사들의 눈이 있었다. 군대를 이끄는 장수로서 그건 매우 큰 부담이었다.

춘추공이 가볍게 한숨을 내쉬더니 고개를 돌리며 낮게 말했다.

"네가 죽은 줄 알고 고타소와 법민이 많이 울었다."

고타소와 법민, 두 이름에 부소는 가슴이 아릿했다. 어릴 적부터 거의 매일 함께 어울리며 자란 사이였다.

"고타소 소식은, 모르겠구나."

고타소 소식? 고타소에게 무슨 일이? 부소 얼굴이 갑자기 굳어졌다. 부소는 숨을 멈추고 춘추공의 입만 뚫어지게 쳐다보았다. 춘추공은 눈을 감고 한참 있다가 말했다.

"대야성이 함락되던 날, 제 남편 품석과 함께 죽었다."

부소는 사색이 되었다.

'그, 그게 무슨…….'

말은 부소의 입술을 뚫고 나오지 못했다. 춘추공이 고통스런 얼굴로 부소를 건너다보았다.

고타소는 일찍 어머니를 여의고 춘추공의 두 번째 부인이자 김유신 장군의 누이인 문희 부인 품에서 자랐다. 춘추공은 그런 딸 고타소를 끔찍이도 사랑했다. 지금 춘추공은 그 고타소가 죽었다고 말하고 있었다.

"그럴 리가요."

"백제의 칼에, 갓난아이를 안은 채……."

춘추공은 말끝을 흐리고는 턱뼈가 불거지도록 입을 꾹 다물었다. 내리감은 눈까풀이 바르르 떨렸다.

"아니에요! 아니에요!"

부소가 부르짖었다. 그 고운 고타소가 죽다니, 그럴 수는 없었다. 부소가 어깨를 떨었다. 갑자기 한기가 온몸을 훑고 지나갔다. 이까지 덜덜 떨렸다. 전쟁이 기어이 고타소마저 앗아 갔구나!

"으으!"

부소 입에서 신음 소리가 흘러나왔다.

밖에서 말소리가 나고 이어서 문이 열리더니 군사 하나가 들어와 허리를 굽혔다. 보고하는 군사의 목소리가 아득했다. 뭔가를 지시하는 춘추공의 목소리도 아득했다. 군사가 나가자 부소는 터져 나오는 울음을 손으로 틀어막았다. 춘추공은 부소를 오랫동안 가만히 바라보았다.

"내가 돌아올 때까지 이곳을 떠나지 말아라. 너를 데려갈 것이다."

부소는 춘추공의 말에 대답을 할 수가 없었다. 데려간다는 말의 뜻도 헤아릴 정신이 없었다.

절을 하고 문을 나서는데 춘추공이 말을 던졌다.

"고타소가 보관하던 함 속에 나무로 깎은 새 하나가 비단에 싸여 있었다. 혹시 아느냐?"

나무 새! 부소는 멈칫하며 발을 멈추었다.

"법민도 모른다 하던데. 곱게 싸서 깊숙이 넣어 놓은 걸 보면 각별한 물건 같은데 말이다."

부소는 문고리를 잡은 채 춘추공을 올려다보았다. 춘추공이 눈으로 대답을 기다리고 있었다. 부소는 무엇이 울컥 올라와 말을 할 수가 없었다. 그냥 고개를 내젓고 문을 마저 닫았다.

'아가씨가 그 나무 새를 간직하고 있었구나.'

부소 가슴에 예리한 칼이 꽂히는 것 같았다. 부소는 휘청거리며 밖으로 나왔다. 사람을 피해 집채 뒤로 돌아가니 뒤뜰에 커다란 나무가 서 있었다. 부소는 나무둥치를 붙잡고 한참 동안 울음을 토해 냈다.

문득 돌아보니 공방 어르신이 서 있었다. 미간에 세로로 접힌 주름과 깊이 팬 눈이 많은 것을 묻고 있었다. 부소는 주먹으로 눈을 훔쳤다. 어르신이 말없이 앞장을 섰다. 부소는 어르신을 따라 마당을 지나 대문을 나섰다. 문간에 지게가 있었다. 부소는 빈 지게를 둘러메고 터벅터벅 걸었다. 달빛이 마른 풀을 비추어 발 디딤을 도와주었다.

'내가 없는 사이에 고타소가 혼인을 하고 아이를 낳았구나. 그리고 그런 일이…….'

부소는 일 년 넘게 공방에 머물면서 뿌리나 열매를 채취하러 다니느라 산으로만 돌았다. 공방 사람들과도 거의 어울리지 않아 대야성이 함락됐다는 소식도 듣지 못했다.

"춘추공을 아는 게냐?"

어르신이 입을 열었다. 춘추공이라는 말을 들으니 다시 슬픔에 목이 메어 왔다. 어르신은 부소의 대답을 재촉하지 않고 혼자 말을 이어 갔다.

"춘추공의 처지가 어려우신 모양이더라. 백제에 항복한 대야성 도독이 춘추공의 사위 품석이었으니까 말이다."

'항복? 신라 장수가 항복을?'

부소는 미끈하고 허여멀건 품석의 얼굴을 떠올렸다.

"대야성에서 서라벌까지는 말을 타고 달리면 겨우 한나절 거리지. 서쪽 국경의 사십여 개 성이 백제의 손안에 떨어진 지 얼마 되지 않은 때에 대야성마저 빼앗겼다는 것은 서라벌이 위험해졌다는 거다."

부소는 문득 의아했다.

"그런데 춘추공은 왜 고구려까지 가시는 거지요?"

신라와 고구려는 자주 전쟁을 하는 사이였다. 부소가 전쟁터에 나선 것도 고구려와의 전쟁 때문이었다. 신라는 큰 승리를 거두었으나 부소는 지금 이렇게 숨어 다니는 형편이 되었다.

"글쎄다. 잘은 모르겠다만 백제를 막기에 힘이 부치니까 무슨 수가 없을까 해서 가 보는 게 아니겠느냐?"

"적국인데 혹시라도……."

"설마 한 나라의 사신을 어찌기야 하겠냐마는, 그래도 고구려는 목숨을 보장받을 수 없는 곳이다. 그래서 혹시 위급한 상황이 닥쳤을 때 쓰시라고 몇몇 유지들이 뜻을 모아 모전을 마련해 드린 것이다. 신라 모전은 값도 비싸거니와 구하기도 쉽지 않으니 더 이상 귀한 선물이 없을 게다."

부소는 아까 본 춘추공의 여윈 얼굴이 떠올랐다. 얼마나 힘들까, 딸의 처참한 죽음에다 신라의 위기, 고구려로 가야 하는 상황까지……. 목숨을 보장받을 수 없다는 곳에 가야 할 만큼 춘추공의 입장이 난처한 것일까? 아니면 신라에 대해 품은 춘추공의 대의가 그만큼 크고 절박한 것일까? 춘추공을 보낸 법민의 걱정도 이만저만 아닐 것이다. 부소는 숨어 지내고 있는 자신이 한없이 작고 초라하게 느껴졌다.

부소는 집으로 돌아와 뜬눈으로 밤을 새웠다. 부소는 고타소가 준 비단을 꺼냈다. 거기에는 고운 새가 조릿대 위에 맵시 있게 올라앉아 있었다. 부소는 입을 틀어막으며 울었다.

'고타소가 이제 이 세상에 없다는 말인가? 그런데 나는 이렇게 숨어 지내며 목숨을 지키고 있구나.'

부소는 지금, 두렵지만 어려운 결정을 해야 한다는 걸 깨달았다.

'돌아가자.'

서라벌로 돌아가야 했다. 고타소가 죽었다는데 이렇게 숨어 있을 수만은 없었다.

동이 트자 부소는 곧바로 몇 벌 되지도 않는 옷가지를 둘둘 쌌다. 아직 어둑했지만 어르신은 일어나 있었다. 부소가 떠나야겠다며 인사를 했더니 어르신은 예상이라도 한 듯 삼베가 든 보따리 하나를 내밀었다.

"그 나이에 벌써 말 못할 사연이라니, 힘들어서 어쩌누?"

부소가 품삯 겸 노잣돈이 될 보따리를 받아 들고 허리를 굽히자 어르신이 덧붙였다.

"언제든 돌아오고 싶으면 오너라."

"예, 어르신."

부소는 집을 나서며 하늘을 올려다보았다. 차가운 겨울 하늘에 환하게 웃는 고타소 얼굴이 커다랗게 떠 있었다. 아무리 눈을 껌벅여도 뜨거운 눈물을 막을 수가 없었다. 매서운 새벽바람이 부소의 코끝을 후려쳤다.

'그럴 리가 없어. 그럴 수는 없어.'

부소는 추운 줄도 모르고 어둑한 새벽길을 걸었다. 고타소를 가슴에 품고 걷고 또 걸었다. 가슴 속에는 고타소가 준 비단 새가 들어 있었다.

## 고타소와 법민

"부소야, 빨리 가자!"

고타소의 재촉하는 소리가 맑은 하늘에 새소리처럼 울렸다. 고타소가 졸라서 가볍게 나들이를 하기로 한 날이었다. 부소는 짐을 창고 속에 갖다 놓고 나오며 문간에 서 있는 고타소를 향해 다 됐다는 뜻으로 웃어 보였다. 고타소는 분홍 겉옷 아래에 치자색 승마 바지를 입고 유모 아주머니와 함께 서 있었다. 노리개 하나 없이 놀기 좋도록 간편하게 입었어도 꽃과 나비가 수놓인 넓은 허리띠 때문에 귀족티가 물씬 났다. 문밖에 하인이 말을 잡고 서 있었다. 비단옷을 단정하게 차려입은 법민이 말을 타고 나왔다. 열넷, 나이에 비해 우람한 체격이었다. 아버지 춘추공을 빼

닮아 얼굴도 준수하고 행동거지도 꽤 늠름한 소년이었다.

부소는 옷을 대강 털고는 물건 목록을 살펴보고 있는 집사 어른에게 다가갔다.

"집사 어른, 순서대로 다 쟁여 놓았습니다."

"그래, 얼른 가거라. 날이 좋으니 아가씨가 마음이 급하시네."

부소는 망태기를 챙겨 들었다. 시간이 나면 양털 염색에 쓸 꽃을 딸 생각이었다.

계절에 따라 피는 꽃과 풀은 모전 공방에서 양털을 염색하는 데에 매우 요긴한 것이다. 부소가 틈틈이 따다 주는 꽃잎은 모전 공방에서 일하는 어머니 일손을 크게 덜어 줄 터였다.

고타소가 말 위에 올랐다. 하인은 커다란 바구니가 얹힌 지게를 짊어졌다. 법민이 앞장서고 부소는 유모 아주머니와 함께 고타소의 말 옆에 서서 걸었다.

하늘은 맑고 햇살은 따사로웠다. 나뭇가지들은 언제 앙상했나 싶게 푸른 잎을 달고 설렁설렁 바람에 흔들렸다.

봄기운이 도는 서라벌 거리는 꽤 붐볐다. 의장을 갖추고 지나가는 화랑들 뒤로 한 무리의 낭도들이 줄을 지어 지나갔다. 그 뒤를 또 조무래기 아이들이 왁자하게 떠들며 따라가고 있었다.

법민은 아이들을 눈으로 좇으며 빙긋 웃었다. 그 애들보다 몇 살 많지도 않으면서 꼬마 보듯이 여유롭게 미소를 짓는 것은 법민이 곧 화랑에 들어갈 예정이기 때문이다. 얼마 전부터 법민은 두건에 깃털을 모양내어 꽂고 벌써 화랑티를 내고 다녔다.

　남산 자락으로 가는 길에는 여기저기 키 작은 꽃들이 고개를 내밀고 있었다. 긴 담장 너머로는 목련이 한창이었다. 기분이 좋아질 수밖에 없는 계절이었다. 고타소는 흥얼흥얼 콧노래를 불렀다.

　갑자기 길이 소란스러웠다. 사람들이 웅성거리며 몰려갔다. 사람들 사이로 군사들이 보이고 죄인을 실은 수레도 언뜻 보였다. 법민이 기웃거리며 말했다.

　"처형장으로 가나 봐."

　"무슨 죄를 지었는데?"

　고타소가 찡그리며 물었다.

　"부소 형, 알아봐 줘."

　법민은 육두품 안에 겨우 드는 평민 신분인 부소를 스스럼없이 형이라 불렀다. 춘추공이 그렇게 시켰기도 하지만 어려서부터 부소가 보살펴 주며 친하게 지냈기 때문이기도 했다. 다른 사람들 듣기에 좀 그렇다고 부소가 말렸지만 법민은 오랫동안 입에 붙었다며 웃어넘겼다.

　"형!"

　법민이 다시 재촉했다.

　부소는 웅성거리는 사람들을 비집으며 수레로 다가갔다. 죄인은 머리가 온통 헝클어진 채 얼굴에는 군데군데 피가 묻어 있었다. 매를 맞은 모양이었다.

"저 사람이 무슨 죄를 지었어요?"

부소가 찡그리며 옆에 선 어른에게 물었다.

"백제군과 싸울 때에 부하를 버리고 도망친 사람이래. 쯧쯧, 처형당해도 싸지."

처형당해도 싸다는 말에 부소는 어깨를 움찔하며 슬그머니 사람들에게서 떨어져 나왔다.

'얼마나 무서웠으면 도망쳤을까?'

부소는 얼른 생각을 떨쳐 냈다. 법민이 알면 비웃을 일이었다. 서라벌 사람한테 전투에서 도망치는 것은 치욕이었다. 전쟁은 늘 있는 일이었다. 젊은이들이 수시로 전쟁터에 불려 나가고 죽어 갔다. 부소의 아버지 역시 전쟁터에서 죽었다.

부소는 전쟁이 싫었다. 가까운 친척 하나 없이 가족이라고는 달랑 어머니와 부소만 남겨진 것도 다 전쟁 때문이었다.

부소는 일행에게 돌아와서 심드렁하게 말했다.

"전투 중에 부하를 버리고 도망간 사람이랍니다."

"신라군 중에 그런 사람이 있었어? 어이가 없군."

법민은 비웃듯이 수레 쪽을 흘깃 보고는 말고삐를 당겼다.

"공자님은 전쟁에 나가도 용감하시겠지요?"

유모 아주머니가 웃으며 말했다.

"당연하지요. 임전무퇴, 절대로 물러서지 않아요. 화랑이 되고 장수가 되면 반드시 백제를 물리칠 거예요."

"아버지도 자나 깨나 전쟁 때문에 고심하시지. 하지만 전쟁은 참 싫어."

금방 지나간 죄인 때문인지 고타소가 우울한 얼굴로 말했다.

"전쟁 좋아하는 사람이 어디 있어? 하지만 신라를 지키려면 적과 싸워야지. 백제가 자꾸 쳐들어오는데 전쟁을 하지 않으면 신라가 망하고 말잖아."

"법민아, 너는 화랑도 되기 전에 벌써 장군이 된 것 같다? 부소야, 그렇지 않니?"

고타소가 웃으며 부소를 내려다보았다. 부소는 그렇다는 듯이 법민을 향해 웃어 보이고는 입을 떼었다.

"어떡하든 전쟁이 없어지면 좋겠어요."

"그래야지."

법민이 뭐라고 더 말하려다가 입을 다물었다. 부소 아버지가 전쟁 때문에 죽은 것을 생각했을 것이다. 한참 가다가 법민이 부소 옆에 서게 되자 슬그머니 말했다.

"아버지께서는 더 이상 전쟁이 없도록 하기 위해 고구려, 백제와 싸워서 이겨야 한다고 하셨어."

"그런데 전쟁은 제가 태어나기 전부터 지금까지 계속되고 있어요. 사람도 자꾸 죽고요."

부소가 울적하게 말했다.

"그러니까 그런 일이 없도록 신라가 더 강해져야 해. 신라를 위해 죽는 것은 신라군에게 명예로운 일이야."

법민이 확신에 찬 얼굴로 말했다.

아버지 염길이 죽었을 때 춘추공도 부소에게 그렇게 말했다. 전사는 명예로운 일이라고. 아버지는 훌륭한 군사였다고.

부소의 아버지 염길은 김유신 장군이 거느린 낭도였다. 춘추공이 월성궁 밖으로 나와 살기 시작했을 때 춘추공의 아버지 용춘공은 당시 화랑의 풍월주였던 김유신 장군에게 어린 춘추공을 맡겼고, 춘추공은 화랑이 되면서 염길과도 알게 되었다. 그때 춘추공이 열 살이었다고 했다.

열다섯 소년이었던 염길은 세 살 위인 김유신 장군과 마음이 잘 통해 비록 신분은 낮았지만 친구처럼 지냈다. 다섯 살 어린 춘추공과도 자연스레 친하게 지냈다고 한다.

나중에 어른이 되어서도 춘추공은 가끔 김유신 장군과 함께 염길의 집에 와서 술을 마시기도 했다. 그럴 때면 부소 어머니는 갓난아이 부소를 업고 술안주를 만들어 방에 들이곤 했다.

그러다 진평왕 51년(629년), 김유신 장군과 함께 출전한 낭비성 전투에서 염길이 서른세 살의 나이로 전사했다. 부소가 겨우 여덟 살 때였다.

"그때는 나 하나 추스르기도 버거웠지. 더구나 어린 네가 집안에 가깝게 기댈 남자라고는 없이 어미하고만 외롭게 자라야 한다는 게 감당하기 어렵고 무서웠다."

어머니는 부끄러움을 무릅쓰고 춘추공을 찾아가 부탁했던 일을 회상하곤 했다.

서라벌 귀족의 모전 공방에서 기술자로 일하던 부소 어머니는 춘추공에게 아들 부소를 거두어 달라고 청했다. 춘추공은 염길의 죽음을 애통해하며 부소를 춘추공 집에 들여 법민과 고타소를 돌보게 했다.

부소는 말이 없는 편이었다. 그래도 여덟 살, 여섯 살이던 춘추공의 딸 고타소와 아들 법민은 머쓱하게 웃기만 잘하는 부소를 좋아했다. 부소는 거의 매일 춘추공의 집에 가서 나무를 깎아 팽이를 만들어 주거나 풀벌레들을 잡아 주며 두 아이와 같이 놀았다.

부소는 자라면서 몸이 재발라 시키는 일을 곧잘 해냈다. 집안의 재물 관리와 살림을 맡은 집사 어른은 부소가 미더웠는지 이런저런 심부름을 많이 시켰다. 나부대기보다는 얌전하고 꼼꼼한 부소의 성품을 짐작한 춘추공은 부소에게 나중에 커서 집사 일을 맡겠느냐고 넌지시 물어보기도 했다. 어머니는 그 말을 듣고 나서부터 은근히 기대하는 눈치였다.

"너는 제발 죽지 마라."

부소가 어려서부터 어머니는 이따금 그런 말을 했다. 어려서는 아버지와 오라비를, 어른이 되어서는 남편을 전쟁에서 잃은 어머니는 부소가 낭도가 되는 것도 싫어했다. 가능하면 전쟁에 나가지 않고 춘추공 집에서 집사로 살기를 바랐다.

숲에는 막 피어난 연둣빛 잎사귀들이 봄 햇살을 받아 윤기가 자르르 흐르고 있었다. 작고 귀여운 새들이 뾰로롱거리며 나뭇가지를 옮겨 다녔다. 고타소는 새소리를 따라 고개를 이리저리 돌리며 눈을 반짝였다.

"어머! 저기 있어, 저기!"

새소리와 고타소의 웃음소리가 함께 어우러졌다. 양손으로 옷자락을 잡아 들고 이리저리 뛰어다니는 고타소는 눈이 부셨다. 부소는 나무나 꽃보다 고타소를 보는 게 더 즐거웠다.

개울가 풀밭에 도착하자 하인과 유모는 평평한 곳에 자리를 깔았다. 고타소와 법민은 망아지처럼 뛰어다니느라 정신이 없었다. 부소도 같이 뛰었다. 이럴 때는 부소도 영락없이 고타소와 법민의 형제였다.

"앗, 차거!"

법민, 하인과 함께 얕은 개울에서 돌을 뒤집으며 가재를 잡고 있는데 고타소 목소리가 들렸다. 어느새 고타소가 바지를 걷어 올리고 물에 들어와 저기, 저기, 하며 소리를 지르고 있었다. 부소는 고타소를 돌아보다 풋, 웃었다. 허리띠와 겉옷은 벗어 풀밭에 던져두고 바지와 윗도리 자락을 대충 끌어 올려 양팔로 뭉쳐 안은 고타소의 모습이 가관이었다. 누가 봐도 열여섯 왕족 소녀의 모양새는 아니었다. 유모가 보면 기겁을 할 차림이지만 다행히 보이지 않았다.

고타소는 왕족, 귀족들이 모이는 행사에 나가면 더할 수 없이 의젓하고 우아한 태도로 기품을 드러냈다. 하지만 그때뿐, 물가나 숲에 오면 항상 어린아이처럼 변해 마음대로 뛰고 소리를 지르며 놀았다. 부소의 눈에는 한껏 즐겁게 노는 고타소의 모습도 기품 있는 모습 못지않게 아름다웠다.

"아직 물이 차다니까요, 아가씨. 고뿔 들려고 그러세요? 가재는 제가 잡아 드릴게요."

하인이 막 잡은 가재를 손에 든 채 고타소를 말렸다.

"그럼, 가만히 구경만 하라고? 나도 가재 잡을 줄 알거든?"

"누이! 그 꼴 좀 봐. 누가 보면 입방아질하기 딱 좋겠어. 가재는 발로 잡을 거야?"

법민의 핀잔에도 고타소는 물러설 생각이 없어 보였다. 볼이 발갛게 상기된 채 잔뜩 즐기겠다는 표정이 사뭇 강경했다. 부소는 물 밖으로 나가 넓적한 허리띠를 가져다가 고타소 허리께에 옷들을 싸 넣어 묶어 주었다. 고타소는 자유로워진 손을 높이 흔들며 와! 하고 소리를 질렀다. 눈앞에서 환성을 지르는 고타소의 얼굴은 해맑기 그지없었다. 넷은 소리를 질러 대며 가재를

잡았다.

 부소는 혼자 개울 위쪽으로 올라갔다. 한갓진 곳에서 가재를 잔뜩 잡아 모두를 놀라게 해 주고 싶었다. 한창 물풀이 우거진 물가에서 정신없이 돌을 뒤지고 있을 때였다. 갑자기 누가 소리를 질렀다.

 "어이, 계집애! 너도 가재 잡냐?"

 고개를 들어 보니 부소와 동갑내기 위창이었다. 위창 뒤로 몇몇 아이들이 더 보였다.

 위창은 그전부터도 그랬지만 작년에 낭도가 된 뒤부터는 더더욱 부소에게 계집애라고 빈정댔다. 목검 겨루기라든가 전쟁놀이 등 사내애들이 하는 놀이에 잘 끼어 들지 않는 데다 꽃이나 잎을 따러 다니는 걸 두고 놀리는 거였다. 어머니가 일하는 모전 공방 책임자의 아들인 위창은 어쩌다 공방에서 만날 때면 기세가 등등했다. 게다가 걸핏하면 시비를 걸어 일을 만들려고 안달이었다.

 부소는 건성으로 손을 흔들어 주고는 다시 돌 밑을 뒤졌다. 위창이 부소에게 다가왔다.

 "누가 더 큰 놈을 잡나 내기할래? 아니, 가재 싸움 붙이기는 어때? 지는 사람이 부하가 되는 거야."

 "됐어. 그냥 잡기나 해."

 "또 빼냐? 같이 놀자니까?"

위창이 부소 어깨를 거머잡았다. 부소가 몸을 비틀어 피하려 했지만 위창은 손에 힘을 꽉 주었다. 아차 하면 물에 엎어질 판이었다.

"같이 놀자는데 자꾸 그러기냐?"

위창이 싱글거렸다.

"부소 형! 그만하자!"

법민이 부르는 소리가 들렸다. 개울이 굽이져 있어 모습은 안 보이고 소리만 들렸다. 위창이 흠칫하며 손에 힘을 풀었다.

"또 그 집 공자랑 같이 온 거야? 고타소 아가씨도?"

"그래, 다 같이 소풍 왔다."

부소가 가재가 든 조롱을 들고 돌아섰다. 법민이 물속을 어기적거리며 부소 쪽으로 올라왔다. 법민이 든 조롱에 가재가 그득했다. 위창이 머쓱한 표정으로 물러서며 법민에게 목례를 했다.

"형 동무들이구나. 너희도 가재 잡으러 왔어?"

"예, 공자님."

위창이 부소를 시시때때로 집적이면서도 대놓고 건드리지 못하는 건 부소가 춘추공네와 가까이 지내기 때문이었다. 덩치며 완력으로 늘 으스대는 위창도 왕족 앞에서는 지레 주눅이 들었다. 하지만 한편으로 그것은 위창이 부소에게 공연히 심술을 부리는 이유이기도 했다.

"진작에 왔으면 같이 잡을 걸 그랬다. 다음에 부소 형하고 같이 우리 집에 놀러 와."

위창의 안색이 화들짝 변했다.

"예? 아, 예."

부소가 돌아서는데 위창이 부소 어깨를 툭 쳤다.

"부소야, 다음에 또 보자."

다정하기 그지없는 말투였다. 부소는 어이가 없어서 풋, 웃음을 터뜨릴 뻔했다.

풀밭에서 늦은 점심을 먹었다. 점심을 먹고 나자 법민은 가만있지 못하고 일어났다.

"부소 형, 한 바퀴 달리고 올래?"

고타소가 부소에게 제 말을 타라고 눈짓했다. 간만에 말달릴 생각에 부소는 가슴이 뛰었다.

법민은 말을 잘 달렸다. 허리끈을 바람에 나풀거리면서 달리는 모습은 언제 봐도 멋졌다. 부소도 바람에 뺨을 내맡기고 달렸다. 어느새 낭산 자락을 벗어나 들판을 달렸다. 한참 달리고 나자 앞서 갔던 법민이 나무 아래에서 기다리고 있었다.

"고구려 땅까지 말을 타고 달릴 수 있다면 좋겠지?"

"고구려까지요?"

"아버지께서 삼한 일통을 이루신다면 가능한 얘기지."

말은 '이루신다면'이라고 했지만 법민은 당연히 그렇게 될 거라고 믿는 표정이었다.

고타소와 법민 • 39

"형, 그때가 되면 같이 가슴이 터지도록 달려 보자. 오늘은 여기서 이만."

법민은 싱긋 웃으며 말고삐를 돌렸다. 다그닥, 다그닥, 천천히 방향을 바꾸는 말발굽 소리가 법민의 말투만큼이나 명쾌했다. 부소는 법민의 늠름한 뒷모습을 물끄러미 바라보았다.

부소는 문득 어머니 말이 생각났다.

"법민 공자님은 나중에 우리가 감히 우러러볼 수 없는 분이 되실 거야. 선덕 여왕께 자식이 없어 조카인 춘추공께서 가장 유력한 왕위 계승 후보자시니까 말이다."

춘추공의 할아버지 진지왕은 사 년 만에 폐위되었다. 춘추공의 아버지 용춘공은 왕위 계승권에서 밀려나는 것은 물론 진골 신분으로 떨어지는 아픔을 겪었다. 새로 왕이 된 용춘공의 사촌 진평왕은 늦도록 아들이 없었다. 진평왕이 용춘공을 맏딸 천명 공주와 혼인시켰을 때 사람들은 모두 용춘공이 다음 왕위를 물려받을 거라고 예상했다. 하지만 뜻밖에 덕만 공주가 왕위에 올라 선덕 여왕이 되었다.

상심한 용춘공은 후일을 기약하며 왕이 되기에 부족함이 없도록 춘추공을 교육시켰다. 춘추공 역시 법민을 그렇게 교육시키고 있었다. 그러니까 법민의 집안은 용춘공과 춘추공, 법민 삼대에 걸쳐 제왕 교육을 받고 있는 셈이었다.

돌아와 보니 고타소는 유모 무릎을 베고 누워 있었다. 작은 이

불을 덮고 눈을 감은 걸 보니 살짝 낮잠이 든 듯했다. 부소는 고타소의 발그레한 볼을 곁눈질했다. 고타소는 입가에 미소가 감도는 걸로 보아 즐거운 꿈이라도 꾸는 모양이었다. 커다란 부채로 햇살을 가려 주고 있던 유모도 덩달아 꾸벅꾸벅 졸았다. 아름다운 그림이었다. 법민이 그 옆에 팔베개를 하고 덜렁 누웠다.

"하늘 색깔 좋다!"

더 아름다운 그림이 되었다.

부소는 양털 염색에 쓸 꽃을 따러 가기로 했다. 지난가을에 캔 꼭두서니 뿌리는 분홍빛이 어찌나 곱게 났는지 어머니가 몹시 기뻐했다.

커다란 망태기를 들고 숲 속으로 들어가니 새소리가 뽀롱뽀롱 머리 위로 따라왔다. 며칠 전에 쑥을 잔뜩 뜯어 주었으니 오늘은 연둣빛을 내는 칡잎을 뜯을 생각이었다. 칡은 먹을 수도 있고, 옷감을 만들 수도 있고, 염색을 하는 데에도 쓰인다. 지금 들고 있는 망태기도 칡넝쿨을 엮어 짠 것이다.

칡은 쉽게 찾았다. 풀덤불 속에 어린 칡잎이 파르라니 자라고 있었다. 부소는 부지런히 잎을 뜯어 망태기에 담았다. 망태기가 제법 불룩해졌다 싶을 즈음, 뒤에서 부르는 소리가 들렸다.

"부소야!"

고타소가 법민과 하인과 함께 오고 있었다.

"여기예요!"

부소는 손을 흔들어 주고 다시 칡잎을 땄다. 고타소가 다가와 거들었다.

"손 다쳐요. 그만둬요."

부소는 그만 일어섰다. 더 눌러 담을 수는 있지만 고타소가 여린 손으로 거친 덤불을 헤치게 할 수는 없었다.

"이 잎을 쓰면 연둣빛이나 노란빛으로 염색이 된다면서?"

고타소는 몇 잎 더 뜯어 부소가 둘러메고 있는 망태기에 넣었다. 부소는 그만 뜯으라며 고타소를 말렸다.

"유모가 기다리겠어요. 그만 돌아가요."

내려오는 중에도 고타소는 새소리를 찾아 고개를 이리저리 돌리며 나무 위를 살폈다.

"저기야! 법민아, 보여? 앗, 날았어!"

"누이, 새 처음 봐? 누이 비명에 놀라서 나뭇가지에 앉으려던 새들이 발을 헛디디겠다."

법민은 고타소에게 핀잔을 주면서도 눈은 환하게 웃고 있었다. 법민이 고타소의 어깨를 다정하게 감쌌다가 놓았다. 어릴 때엔 고타소를 졸졸 따라다니던 법민이 벌써 훌쩍 커서 건장한 소년이 되었다. 이제 곧 화랑이 되고, 청년이 되면 누이를 든든하게 보호해 줄 것이다. 부소는 둘의 뒷모습을 보며 천천히 걸었다. 부러움인가, 부소는 쓸쓸한 느낌이 슬쩍 들었다.

고타소는 산길 옆으로 앉은뱅이처럼 낮게 핀 꽃들을 손가락으로 톡톡 치며 걸었다. 법민과 하인은 어느새 한참 앞서 가고 있었다.

"앗!"

고타소가 비명을 지르며 주저앉았다. 덤불 속을 기웃거리는가 싶더니 발을 헛디딘 모양이었다. 뒤에서 따라가던 부소는 순식간에 달려가 고타소를 일으켰다. 하인과 법민이 부리나케 되돌아왔다.

"돌 위에 올라섰다가 미끄러졌어."

고타소는 발을 내딛어 보더니 찡그리면서 도로 주저앉았다.

"못 걷겠어."

하인이 얼른 고타소 앞에 앉으며 등을 내밀었다. 고타소는 고개를 흔들며 부소를 쳐다보았다.

"아저씨는 아까 무거운 지게 지고 왔잖아. 부소야!"

고타소의 엉뚱한 지게 타령에 법민이 픽 하고 웃었다. 하인이 일어났다. 부소는 엉거주춤 망태기를 하인에게 내밀었다. 부소 등에 업히고 싶어 하는 고타소의 마음을 아는 까닭이었다. 어렸을 때부터 법민이나 고타소가 부소 등에 업힌 일은 자주 있었다. 두 아이는 부소에게 업히기를 좋아했다. 서로 업히겠다고 다툰 적도 많았다. 커서는 그럴 일이 거의 없어졌지만 오늘, 고타소는 부소의 등을 청하고 있었다. 부소는 고타소 앞에 앉아 등을 내밀었다. 고타소는 가뿐하게 업혔다.

"네 등에 업힌 거 오랜만이다. 이제 내가 무겁지?"

고타소는 부소 등에 기대어 물었다.

"아니에요. 아가씨만 자라는 게 아니니까요."

"너도 힘이 세졌다, 그거지?"

"당연히 그렇지요. 힘만 세졌나요? 등도 넓어졌잖아요."

"그래, 네 등은 늘 편하고 좋아."

고타소는 부소 목에 두르고 있던 손을 고쳐 잡았다. 부소는 뭐라고 해야 할지 몰라 입술을 달싹이다 말았다. 고타소의 무게가 기분 좋게 등을 눌렀다.

풀밭에는 유모가 이미 자리를 걷고 보따리를 싸 놓고 있었다. 유모는 걱정스레 고타소 발을 살폈다. 법민과 고타소가 말 위에 올라타자 하인은 부소의 망태기까지 지게에 얹어 지고는 앞장섰다.

부소는 고타소 발이 걱정이 되어 말고삐를 잡고 걸으면서도 자주 고타소 얼굴과 발을 번갈아 보았다. 고타소는 부소와 눈이 마주치자 생글거렸다. 발 다친 건 아랑곳없이 마냥 즐거운 얼굴이었다. 나중에 할머니가 되어도 저 해맑고 장난스런 웃음은 여전할 것 같다는 생각을 하며 부소도 웃었다.

집에 도착하여 말에서 내리자 고타소는 성큼성큼 걸어서 마당을 가로질렀다. 법민과 부소가 어이없어 보고 있자니 고타소는 혀를 날름거리고는 집 안으로 뛰어 들어갔다. 법민이 고개를 내

저었다. 하긴 이 정도 장난이야 고타소에겐 흔한 일이었다. 부소는 슬그머니 기분이 좋아졌다. 어려서야 신 자두를 달다며 속여 부소에게 먹이는 일이라든지, 한겨울에 얼음을 등에다 집어넣는 일 정도는 수시로 있었다. 심부름 간다며 같이 가자고 해서는 계림*에서 한참 놀다 온 적도 있었다.

 이만큼 자라서도 그렇게 장난을 쳐 주는 고타소가 부소는 고맙고 좋았다. 마구간에 말을 데려다 주러 갔다가 마부 아저씨한테서 혼자 뭘 그리 싱글거리냐는 말을 들었다. 집으로 돌아오는 내내 부소는 가슴이 뛰었다.

**계림** 김알지 설화가 얽혀 있는 서라벌(지금의 경주)의 숲.

# 춘추공의 고민

진달래가 흐드러지게 필 무렵, 춘추공 가족은 나들이를 하기로 했다.

"서라벌에서 한나절 거리에 있는 울주라는 곳인데 커다란 바위그림이 있대."

고타소는 부소에게 같이 가자며 나들이 갈 곳에 대해 이것저것 이야기를 풀어 놓았다. 처음 춘추공네 나들이에 끼게 된 부소는 은근히 흥분했다. 서라벌을 벗어나 어딘가로 나가는 것은 처음이었다. 그것도 이틀이나 묵고 오는 나들이였다.

소풍날, 이른 아침부터 하인들이 분주하게 움직이고, 수레에 짐이 착착 실렸다. 춘추공과 법민이 말을 타고 나오자 부소는 문희 부인과 고타소가 탄 마차 옆에 섰다.

울주로 가는 길은 마음껏 봄을 누리며 푸르러 있었다. 햇살 속에 여기저기 붉고 노란 꽃들이 지천이었다. 춘추공과 법민은 말을 탄 채 천천히 걸었다. 벌판을 배경으로 이야기를 나누며 걷는 두 사람의 모습은 위엄에 차 있으면서도 아름다웠다.

일행이 도착한 곳은 굽이져 흐르는 강가였다. 강을 끼고 높이가 열 자가 넘고 너비는 서른 자나 됨 직한 암벽이 있었다. 바위에는 그림이 잔뜩 새겨 있었다.

"고래야!"

법민이 소리를 질렀다. 부소는 얼른 법민이 가리키는 곳으로 다가갔다.

"작살을 맞았네요."

"어머, 이 멧돼지는 새끼를 뱄나 봐."

고타소가 옆을 가리켰다. 바위에는 고래, 멧돼지 외에도 새끼를 배거나 거느리고 있는 사슴, 함정에 빠진 호랑이도 있었다. 탈을 쓴 무당, 짐승을 사냥하는 사냥꾼, 배를 타고 고래를 잡는 어부도 보였다. 마치 사람 사는 세상의 모습을 모두 펼쳐 놓은 것 같았다.

부소는 입을 다물 수가 없었다. 단단한 바위에 가는 선으로 새기고, 바위 표면을 떠내고, 갈고 다듬어 온갖 모습을 새긴 게 정말 놀라웠다. 수천 년 전 사람들이 자신의 소망을 기원하는 마음으로 새긴 그림이라고 했다.

 부소는 남산의 석공 생각이 났다. 남산에 가면 언제든 돌을 깎는 사람들을 볼 수 있었다. 석공들이 여기저기 널브러져 있는 큰 바위나 우뚝한 절벽에 불상을 새겼다. 더러는 위험해 보이는 곳에 아슬아슬하게 붙어 서서 망치질을 하기도 했다. 가끔씩 부소는 땡볕 속에서 땀 흘려 가며 망치를 두드리는 저 사람은 부처님께 무엇을 소망하고 있을까, 하는 궁금증이 일곤 했다. 마음에 간절한 무엇을 품는다는 건 참으로 놀라운 힘을 발휘하는 모양이었다.

 부소는 문득 어머니가 생각났다. 어머니는 무슨 마음으로 모전의 결을 만들고 꽃을 피우려 애쓰시는 걸까? 어렸을 때는 어머니가 먹고살기 위해 일한다고만 생각을 해 왔다. 그런데 요즘 어머니가 모전 일에 몰두해 있는 것을 보면 꼭 그런 것만은 아닌 듯했다. 어쩌면 어머니에게는 부소가 모르는 어머니만의 간절한 무엇이 있을지도 몰랐다.


 이틀간 묵기로 한 곳은 왜를 상대로 하는 큰 무역 상단을 운영하는 귀족의 집이라 했다. 옷차림과 풍채가 만만찮은 사람들이 허리를 깊게 숙이고 춘추공을 맞이했다. 큰 배를 여러 척 가지고 있다는 부자답게 집이 크고 화려했다. 방에는 진귀한 물건들이 많았다.

부소가 옷가지 등 짐을 부인과 아가씨가 묵을 별채 방에 두고 나오는 길이었다. 별채 마당에 서 있던 춘추공이 부소를 불러 세웠다. 춘추공은 부소 어깨에 손을 얹고 말했다.

"아비처럼 생각하라 해 놓고 자주 살피지 못했구나."

"아닙니다."

"법민은 곧 화랑에 들 텐데 너는 낭도에 드는 것도 마다하고, 아직도 그러냐?"

"예."

부소는 말끝을 흐렸다. 춘추공이 썩 좋아할 대답이 아니었다.

"뭐, 괜찮긴 하다만 네가 사내애들하고 어울리며 살았으면 싶어서 하는 말이다."

"어머니는 제가 혹시 군사로 나설까 두려워하십니다."

"낭도가 안 되더라도 신라 남자로 태어나서 군사가 되는 일을 피할 수는 없지."

"알고 있습니다."

일시적인 징집이야 피할 수 없겠지만 부소는 아버지처럼 아예 군사가 될 생각은 없었다. 어머니의 반대가 아니라도 부소는 집과 어머니를 떠나 있어야 한다는 게 마음에 걸렸다. 그리고 언제부터인가 부소는 모전 일에 관심이 있었다. 어머니는 부소가 춘추공 집의 집사로 살았으면 하지만 정작 부소는 자신도 모전 기술자가 되면 어떨까 하는 생각이 차츰 커지고 있었다.

"네 어미는 모전 일에 열심이라고 들었다. 요즘은 좀 웃으시냐?"

"……."

어머니는 웃는 일이 거의 없었다.

"참으로 고운 웃음을 가졌었는데……. 네 아비가 네 어미를 참으로 사랑했지. 나도 종종 네 아비가 그립구나."

"……."

"부소야."

"예."

"법민은 장차 큰일을 할 것이다. 그건 왕족으로, 또 내 아들로 태어난 법민의 운명이다. 그게 얼마나 외롭고 힘든 일인지 아직 너는 잘 모르겠지만 말이다."

"예."

종종 혼자 뒷마당을 서성이거나 우두커니 서 있던 춘추공의 모습이 떠올랐다. 춘추공은 미간에 주름을 세우고 홀로 생각에 잠겨 있곤 했다. 부소는 외롭다는 춘추공의 말을 어렴풋이 이해했다. 나중에 법민도 그렇게 힘들고 외로울까?

"나는 네가 훗날까지 법민 가까이에 있어 주었으면 싶다. 뜻을 함께 세우는 벗이 아니어도 마음을 쉬는 벗으로 말이다. 어렸을 때부터 법민이 네 등을 타고 놀며 웃는 것을 보고 그런 생각이 들었지. 네 앞에서는 지금까지도 마구 떠들고 거리낌 없이 웃어

대지 않느냐?"

 마음을 쉬는 벗이라니, 부소 마음이 뿌듯해졌다. 그러지 말라고 해도 여전히 부소를 편하게 형으로 대하는 법민을 잠시 떠올렸다.

 "허락해 주신다면 마땅히 그리할 것입니다."
 "그래, 고맙구나. 네 아비가 내게는 그러한 벗이자 형 같은 사람이었다."

 춘추공이 부소를 지긋이 바라보았다. 깊은 눈매에 그리움이 담겨 있었다.

 "나는 신라에 대해 품은 뜻이 크다. 그래서 늘 긴장 속에 살았다. 한시도 머리를 쉬게 하지 못했지. 그런 내게 네 아비는 왕족이니, 신라니 하는 것을 벗어던지고 대자로 퍼질러 누워 쉴 수 있는 풀밭 같았다."

 풀밭 같은 벗, 아버지가 춘추공에게 그런 사람이었나? 부소 마음에 아버지의 또 다른 모습이 그려졌다. 부소에게는 아들을 번쩍 들어 올리던 크고 힘센 아버지였다. 아버지가 그리웠다. 부소의 마음을 알아챘는지 춘추공이 부소 어깨를 가볍게 두드려 주었다.


 문희 부인이 법민과 고타소를 앞세우고 별채 마당으로 나왔다. 아버지 춘추공 앞에 있을 때 법민은 한결 어른스럽고 늠름했다. 고타소는 한낮의 햇살에 살짝 그을려 콧잔등이 발갰다. 춘추공 옆에 선 법민과 고타소는 크고 빛나 보였다.

부소가 오래도록 법민 옆에 머무른다는 것은 고타소와도 오래도록 함께한다는 의미였다. 부소는 저도 모르게 빙그레 웃음이 나왔다.

이 집의 아들로 보이는 귀공자가 별채로 와 춘추공에게 허리를 굽혔다.

"인사드립니다. 장남 되는 품석이라 하옵니다. 다들 모여 있으니 안으로 드시지요. 저녁 준비가 되었습니다."

품석이라 하는 청년은 키가 훤칠하고 얼굴이 미끈했다. 옷차림과 장신구가 한눈에도 호사스런 티가 났다.

"그래, 네가 품석이구나. 어서 들어가자."

춘추공이 문희 부인과 나란히 안채로 들어갔다. 품석이 고타소에게도 안으로 들자는 듯 두 손으로 손짓을 했다. 고타소 옆에 나란히 서서 걸어가는 품석의 뒤태가 늠름했다. 혼자 남은 부소 가슴에 찬바람이 쓱 스쳤다. 고개를 고타소 쪽으로 돌리는 품석의 옆얼굴에 웃음이 보였다. 부소는 얼른 돌아섰다.

춘추공 가족들은 그 집 식구들과 늦도록 정담을 나누었다. 부소는 혼자 물가로 내려가 오랫동안 물이 움직이는 소리를 들었다. 어둠 속에 있으니 물결 소리가 훨씬 풍부하게 들렸다. 깊고 아름다운, 그리고 애잔한 소리였다.

다음 날, 넓은 뒤뜰에서 귀족 자제들이 모여 목검 대련을 가졌다. 이미 화랑인 청년도 있었고, 화랑에 들어가기에는 한참 멀어 보이는 어린 소년도 있었다. 놀이로 하는 대련이지만 모두 진지했다. 어른들은 연못가의 정자에서 차를 마시면서 아이들의 목검 대련을 두고 이야기꽃을 피웠다.

부소는 고타소 옆에 서서 함께 구경했다. 품석이라는 청년이 고타소 쪽을 슬쩍 보고는 목검을 바로잡았다. 고타소는 법민에게 눈길을 주고 있었다. 법민은 이미 화랑인 것처럼 목검을 들고 있는 모습이 제법 의젓했다.

품석과 한 소년의 대련이 시작되었다. 품석은 느긋한 표정으로 목검을 겨누었다. 소년은 두 손으로 목검을 바투 잡고 허점을 찾아 걸음을 떼었다. 어린 소년치고는 목검을 능숙하게 다루었다. 소년이 날카롭게 파고들자 여유롭게 움직이던 품석이 몇 걸음 밀렸다. 품석은 잠시 당황하는 듯하더니 훌쩍 뛰어오르며 소년의 목검을 내리쳤다. 몇 합을 못 넘기고 소년은 목검을 떨어뜨리며 넘어졌다. 품석이 쓰러진 소년에게 목검을 겨누었다.

"허허, 품석은 봐주는 게 없어요."

"그러게 말입니다. 승부욕이 큰 편이지요."

"대련은 대련이니까요."

어른들이 주고받는 말이 귓전에 들렸다. 부소는 품석의 얼굴에 어린 미소가 못마땅했다.

'이미 쓰러진 아이를 목검으로 위협하는 게 뭐 그리 자랑이라고.'

고타소는 무심하게 있다가 부소를 돌아보았다. 부소는 속을 들킬까 봐 얼른 표정을 바로 했다.

법민은 이미 건장한 청년인 품석의 상대가 되지 못했다. 품석은 온 힘을 다해 법민을 몰아붙였다. 고타소가 살짝 찡그렸다. 법민은 몇 합만에 목검을 떨어뜨리고 말았다. 깨끗하게 승복한다는 듯 품석에게 가볍게 목례를 한 법민은 어른들이 앉아 있는 정자를 향해서도 허리를 굽혔다. 부소에게는 그런 법민이 이긴 품석보다 더 늠름해 보였다. 품석이 정자를 향해 목검을 번쩍 들어 보였다. 춘추공이 가볍게 손뼉을 치자 다른 사람들도 손뼉을 쳤다.

다음 날 아침, 춘추공 가족은 그 집 식구들의 배웅을 받으며 집으로 향했다. 춘추공이 먼 데까지 배웅하겠다는 한 귀족과 나란히 앞서 걸었다. 부소는 법민의 말 옆에서 함께 걸었다. 말 위에 탄 법민이 걷고 있는 부소와 속도를 맞추었다.

"형, 우리가 왜 그 집을 방문한지 알아?"

부소는 설핏 떠오른 생각을 조심스레 입 밖에 냈다.

"왜와 무역을 크게 하는 가문인 것과 관련 있나요?"

"맞아. 왜의 왕실, 귀족들과 친분이 있는 집이라 아버지께서

도움을 청할 게 많아. 아버지 말씀으로는 백제와 신라가 싸우고 있는 형편이라 자칫하면 왜도 신라와 적국이 될 수 있다고 하셔. 왜는 원래 백제랑 친하잖아."

"그래서 춘추공께서 왜와의 외교에 그토록 신경을 쓰시는군요."

"왜의 귀족 중에는 신라에 호의적이거나 아버지와 친한 사람들이 꽤 있어. 아버지는 왜와 친분을 쌓는 데 그들을 활용하고 싶으신가 봐. 왜와의 무역에 관심을 가지시는 것도 그 때문이고."

이번 사흘간의 나들이는 왜와의 외교를 위한 춘추공의 중요한 계획이었던 것이다. 가족 전체가 며칠씩 묵어가며 친교를 나눈 걸 보면 크고 중요한 얘기가 오갔을 것이다.

## 한수

 울주 나들이 후 얼마 지나지 않아 법민은 화랑에 들어갔다. 무술 연습에 열을 올리고 있는 법민은 하루가 다르게 청년티가 났다. 마음가짐이 더 단단해지면서 얼굴에도 기품이 더해 갔다.
 수련 때문에 법민은 집을 자주 비웠다. 부소는 마음이 허전했다. 법민과 마주치기는 해도 작정하고 놀 일이 뜸하다 보니 자연 고타소와 스스럼없이 어울릴 기회가 줄어들었다. 고타소 얼굴을 못 보는 날도 있었다.
 법민이 화랑 수련 차 여러 날 집을 비웠다가 돌아온 날이었다. 춘추공, 옛 풍월주들 몇과 함께 다녀왔다고 했다. 법민은 가기 전부터 흥분해 있더니 더 흥분한 얼굴로 돌아왔다.

"전쟁에서 무공이라도 세우고 왔니?"

고타소가 놀리듯 물었다. 그래도 법민은 장수가 된 듯 어깨에 잔뜩 힘을 주고 싱글벙글이었다.

부소는 오랜만에 법민과 고타소와 함께 집 뒤편 정자에서 외를 깎아 먹으며 어울렸다. 뒤쪽 대숲에서 이따금 불어오는 바람이 시원했다.

법민은 자랑이 가득한 얼굴로 말했다.

"아버지와 같이 단양 적성비를 봤어."

"진흥왕께서 고구려와 싸워 한수를 차지한 기념으로 세우셨다는 비?"

고타소가 흥미를 보이며 물었다.

"그래, 맞아. 소백산을 지나 그 험하다는 죽령 고갯마루를 넘어서는 순간 멀리 길게 누워 있는 성곽이 보였어. 한수의 물줄기 하나를 옆에 끼고 말이야. 그게 적성 산성인데……."

고타소가 눈을 반짝이며 귀를 기울이자 법민은 들뜬 목소리로 말을 이었다.

"백 년 가까이 비바람에 씻겼을 텐데도 적성비에는 글씨가 선명히 남아 있었어. 비석에는 이사부, 김무력 장군 이름도 씌어 있었어."

"김무력 장군이면 김유신 장군의 할아버지야."

고타소의 맞장구에 법민의 목소리가 커졌다.

"그래, 그때 이사부 장군과 함께 활약이 대단했다잖아. 아버지께서 그걸 보시고 가만히 비를 어루만지더니 눈을 감으셨어. 그리고 힘 있게 한마디 하시는 거야. 그 말씀을 듣고 가슴이 마구 뛰었어."

법민은 마치 눈앞에 적성비가 있기라도 한 듯이 손을 들어 허공을 쓰다듬었다.

"아버지께서 뭐라고 하셨는데?"

고타소가 대답을 재촉했다.

"강한 신라를 만들어 반드시 이 땅에서 전쟁을 끝내겠습니다!"

법민은 주먹 쥔 손을 가슴에 대고 말을 덧붙였다.

"언젠가는 저 멀리 평양성에 삼한 일통 기념비를 세울 날이 올 거야!"

부소는 법민에게서 춘추공을 보았다. 법민은 아버지 춘추공의 뜻을 고스란히 받아들여 좇아가고 있었다. 부소가 법민과 스스럼없이 어울리다가도 한없이 멀어지는 순간이었다. 고타소가 동생 법민을 미덥고 대견하다는 눈빛으로 바라보았다.

"부소 형도 알겠지만 신라는 남쪽과 동쪽은 망망대해이고 북서쪽으로는 소백산맥이 가로막고 있어 교통과 통신이 불편했잖아. 게다가 중국 대륙으로 나아가려 해도 북서로 고구려와 백제가 버티고 있어 숨통을 막고 있고. 자연히 대국으로 발전하기가

어려울 수밖에 없었지."

"그래서 한수를 차지하는 게 무엇보다 중요하다고 하셨잖아요."

부소도 대화에 끼어들었다.

"맞아. 진흥왕께서 한수 유역을 점령한 덕분에 중국과 통할 수 있는 길이 열린 거지."

한수와 진흥왕 이야기는 법민에게서 자주 들어서 부소도 웬만큼은 알고 있었다.

지난 수백 년간 백제, 고구려, 신라는 한수를 두고 끊임없이 부딪쳐 왔다.

백제 땅이었던 한수 유역을 고구려가 차지한 것은 광개토왕과 장수왕 때였다. 신라도 그때 한수 상류를 빼앗기고 한반도 구석으로 내몰렸다. 551년, 고구려가 내란에 휩싸이자 신라 진흥왕은 백제와 함께 고구려를 쳐서 한수 상류를 빼앗고 이어서 백제를 쳐서 한수 하류까지 차지했다. 이후 한수를 사이에 두고 세 나라는 지금까지 전쟁을 이어 오고 있었다.

"신라는 한수가 꼭 필요해. 절대로 빼앗기면 안 돼. 아버지께서는 늘 신라가 살기 위해서는 한수를 지켜야 한다고 하셨어."

고타소가 법민의 말에 동의했다. 고타소 역시 춘추공의 큰 뜻에는 무한한 존경을 품고 있었다.

"한수는 세 나라 모두에게 결코 포기할 수 없는 지역이야."

법민의 말에 고타소가 문득 떠오른 듯 말했다.

"몇 달 전에도 백제군이 서라벌에서 멀지 않은 옥문곡까지 쳐들어와 알천 장군이 격퇴했다고 들었어."

"그래, 알천 장군이 그때 세운 공으로 대장군이 되셨지."

법민은 알천 장군에 대한 존경심으로 상기되었다. 알천 장군은 화랑들에게 영웅이었다. 부소는 알천 장군은 본 적 없지만 옥문곡 전투가 끝나고 부상자들이 실려 오는 것은 보았다. 부소는 마음이 무거워져 중얼거리듯 말했다.

"하지만 전쟁에 이겨도 죽는 사람이나 부상자는 늘 있어요."

부소는 이웃집 아저씨와 아주머니가 생각났다. 아저씨도 그때 알천 장군 지휘 아래 백제와 맞서 싸웠다. 그러다 부상으로 다리를 완전히 못 쓰게 되었다. 한 달 넘어 자리보전하고 있다가 요즘은 겨우 엉덩이로 밀며 움직이고 있었다.

"내가 서라벌을 지켜 냈다고!"

아저씨는 애써 씩씩하게 말했지만 이내 우울한 표정이 되었다. 아주머니는 아저씨가 자꾸 짜증만 내고 있다며 앞으로 뭘 해서 먹고살지 모르겠다고 걱정을 늘어놓고는 했다.

부소는 아저씨 부부가 안됐다는 말을 차마 법민에게 할 수 없었다.

"전쟁에서 어떻게 전사자나 부상자가 없기를 바라겠어?"

법민이 혼잣말처럼 내뱉었다. 그러다 다시 결연한 모습이 되었다.

"어느 한쪽이 무너져야 끝날 싸움이야. 그게 신라여서는 안 되잖아. 그렇다면 이기는 수밖에 없어."

부소는 법민과 고타소를 번갈아 보며 물었다.

"전쟁 말고는 방법이 없을까요?"

"안타깝지만 세 나라를 합쳐 전쟁을 끝내는 것 외에는 답이 없어."

법민은 마치 출전을 앞둔 장수 같은 표정이었다.

"그게 전쟁이 아니고 다른 방법이면 얼마나 좋겠어? 아버지가 외교에 힘쓰시는 것도 전쟁을 최소화하려는 노력일 거야."

고타소가 외를 법민에게 건네며 말했다.

전쟁이 없기를 바라는 마음이야 다들 같지만 그 방법이 또 전쟁이라는 게 참 모순이었다. 부소는 마음이 더 무거워졌다.

# 모전 공방

"부소야, 수레 들어왔다!"

창고에서 일을 하고 있는데 집사 어른이 밖에서 큰 소리로 말했다.

"예, 갑니다."

부소는 얼른 일어나 밖으로 나갔다. 짐을 내리고 있는데 마침 지나던 고타소가 부소 등 뒤에 대고 말했다.

"나중에 들판에 꽃 따러 나갈 거지?"

부소가 돌아섰다. 고타소가 눈부신 모습으로 서 있었다.

"글쎄요, 일 끝나는 것 봐서요."

"그래, 마치면 연락해."

새로 도착한 물건을 창고에 넣고 막 물건 목록까지 정리하고 났을 때였다. 미처 부르러 가기도 전에 고타소가 먼저 나타났다. 일이 일찍 끝나는 날이면 부소는 가까운 들판에서 꽃을 따는 게 보통이었다. 부소가 망태기를 들고 나서면 가끔 고타소가 놀이 삼아 따라나서곤 했다. 오늘은 고타소가 유모까지 따돌리고 나타나 앞장서는 바람에 부소가 따라나서는 격이 되었다.

"꽃 따는 건 내가 너한테 뒤지지 않지."

고타소는 소풍이라도 가는 듯 발걸음이 가벼웠다. 가을이 시작된 들판에는 꽃이 지천이었다. 둘은 염색에 쓸 꽃은 제쳐 두고 꽃 보는 재미에 한참 빠져 있다가 허둥지둥 바구니를 채웠다.

고타소는 바구니 가득 따 모은 꽃을 부소가 메고 있는 망태기에 쏟아 넣었다. 고타소가 문득 망태기를 벌리고 있던 부소의 오른쪽 손목을 잡았다. 깊은 상처가 있는 손목이었다.

"나 때문에…… 미안."

"아가씨 때문이 아니라니까요."

부소가 고개 저으며 손을 뒤로 뺐다.


한 달 전 일이었다. 장맛비가 연일 계속되다가 마침 해가 난 날이었다. 부소가 심부름을 마치고 오다가 집 앞 실개울가를 따라 내려오는 고타소를 보았다. 개울에는 알록달록한 주머니 같은 게 물에 떠내려오고 있었다. 그걸 잡으려는 모양이었다. 부소

가 오는 줄도 모르고 개울에만 눈을 주고 걷는 게 어째 불안해 보였다. 아니나 다를까 물가로 손을 뻗던 고타소가 앞으로 기울어지며 휘청했다. 부소가 재빨리 고타소를 붙잡아 끌어안았지만 중심을 못 잡고 같이 나둥그러지고 말았다.

그때 부소의 오른 손목이 돌에 찍혀 찢어졌다. 피가 흐르는 걸 보고 고타소가 울음을 터뜨렸다.

"별거 아니에요."

부소는 왼손으로 상처를 꾹 누르고 집 안으로 들어갔다. 놀란 집사 어른이 얼른 약초 가루를 찾아 뿌리고 천으로 친친 감아 주었다. 그래도 피가 배어 나왔다. 고타소는 옆에서 계속 울기만 했다.

"안 아파요, 정말 안 아프다니까요."

부소가 아무리 달래도 소용이 없었다.

그러고 있는데 월성궁에 여왕을 만나러 들어갔던 춘추공이 돌아왔다. 고타소는 춘추공이 들어서는 기척도 못 들은 채 부소 팔을 붙잡고 훌쩍였다. 부소가 겨우 고타소를 떼어 내고 마당으로 내려가 춘추공에게 절을 했다. 눈으로 연유를 묻는 춘추공에게 문희 부인이 설명했다.

"개울에서 고타소가 넘어지는 걸 붙잡다가 부소가 좀 다쳤습니다. 큰일 날 뻔했습니다."

시간이 지나 상처는 아물었지만 흉터가 길게 남아 쉽게 눈에 띄었다.

부소는 제 손목을 들여다보다가 빙긋 웃으며 고타소에게 말했다.

"하필 그 자리에 돌이 있었던 거지요."

고타소도 풋 웃었다.

"왜, 손목이 하필 그 돌에 갔던 거라고 하지 그러니?"

"맞아요."

둘은 마주 보고 웃었다.

부소는 이 흉이 싫지 않았다. 그날 부소를 걱정하며 안타깝게 울던 고타소의 모습을 떠오르게 하는 상처였다.

"언제까지 너랑 꽃 따며 놀 수 있을까?"

돌아오는 길에 고타소가 뜬금없이 말했다. 언제까지? 부소는 선뜻 대답하지 못했다. 고타소 말은 앞으로도 내내 부소와 꽃을 따며 어울리고 싶다는 말이기도 하고, 그럴 수 없을까 봐 걱정이라는 말로도 들렸다. 부소는 기분이 얼떨떨했다.

당연히, 마냥 같이 꽃 따며 놀지는 못할 것이었다. 부소는 미처 그 생각을 하지 못했다. 법민이 화랑이 된 뒤로 다 같이 어울릴 기회는 이미 많이 줄었다. 한 살 한 살 나이를 먹을수록 자꾸 더 줄어들 건 뻔한 일이었다.

"그러지 못하게 되면 너도 서운하겠지?"

"그렇겠지요."

부소는 머쓱하게 대답했다. 서운한 거로 치면 부소가 한참 더 할 것이지만 그렇게밖에 달리 말할 수가 없었다.

"대답이 뭐 그래?"

"당연히 서운하지요."

부소 표정이 얼마나 어색했는지 고타소가 까르르 웃었다. 부소는 '당연히 아가씨보다 제가 훨씬 더 서운하지요.'라고 말하지 못한 게 바보 같다고 생각했다. 그렇지만 다시 고쳐 말할 용기는 없었다.

아가씨와 헤어져 공방으로 가는데 왠지 마음이 허전했다. 마치 이제 더 이상 고타소와 꽃 따러 다니지 못하게 된 것처럼 가슴이 아렸다.

너도 서운하겠지? 고타소의 말이 귓전에 맴돌았다. 고타소도 서운할 거라는 말이라 기분이 좋으면서도 두려운 생각이 들었다. 그런 일이 곧 생길 거란 말일까? 아니면 문득 그런 생각이 든 걸까?

이 생각 저 생각 하면서 걸었더니 어느새 어머니가 일하는 공방 앞에 와 있었다. 문을 들어서는데 누가 앞을 막아섰다.

"꽃 망태기라니, 제대로 어울린다."

위창이었다.

"네가 웬일이냐?"

"당연히 아버지 만나러 왔지. 설마하니 너처럼 꽃 따 주러 왔겠니?"

위창은 제 아버지가 공방 책임자라고 늘 으스대었다.

"그럼, 잘 가."

부소는 옆으로 비켜서 걸음을 떼었다. 위창이 막아서며 망태기를 홱 낚아챘다.

"쳇, 꽃이 뭐 이래? 모양이 다 흐트러졌잖아. 이런 건 네가 딴 거지? 고타소 아가씨가 이렇게 딸 리는 없고."

위창은 꽃잎을 한 움큼 쥐고는 시비를 걸었다. 부소는 심사가 뒤틀려 비꼬았다.

"어차피 다 뜯어서 말릴 거거든? 알지도 못하면서. 꽃 따는 걸 본 모양인데 같이 와서 거들지 그랬어? 고타소 아가씨가 반가워했을 텐데."

"정말? 다음에는 같이 따도 돼?"

이럴 때 위창은 금세 배알도 없어지고 만다.

"그러든지. 이만 비켜 줘, 나 바빠."

"너, 은근히 나 무시한다?"

"무슨 말이야?"

"그렇잖아. 춘추공 댁 공자님과 아가씨 믿고 그러는가 본데 그래 봤자 너는 일꾼이야."

"나도 알아. 그러니까 비켜."

부소가 옆으로 비켜 걸음을 떼었다. 위창이 이번에는 막지 않았다.

홍화 두 망태기를 들고 염료 방으로 갔다. 어머니가 사람들과 함께 연한 쑥색으로 염색된 양털을 매만지고 있었다. 보송보송한 양털은 은은하고 고운 색을 입고 있었다. 선반에 얹힌 납작한 나무통에는 색색으로 염색된 양털이 담겨 있었다. 아직 색을 입히지 않은 양털 상자들도 줄지어 있었다.

넓은 방 한쪽에는 바람이 선선하게 통하도록 건조대가 설치되어 있었다. 거기에는 산과 들에서 채취한 각종 꽃과 잎, 뿌리들이 채반에 널려 있었다. 모두 염색에 쓸 것이었다. 어떤 것은 갓 따서 쓰기도 하지만 어떤 것은 말려서 썼다. 지난번에 따 온 쪽잎도 채반에서 마르고 있었다. 나중에 양털을 짙은 남색으로 물들여 줄 것이었다.

"어머니, 오늘은 홍화예요."

부소는 망태기를 내밀었다. 다른 기술자들도 다가와서 들여다 보았다.

"야, 색깔 좋다."

"요대로 색이 나오면 얼마나 예쁠까?"

다들 꽃을 손가락 사이로 흘려 보며 한마디씩 했다.

부소는 어머니를 따라 공방으로 갔다. 어머니는 양털을 놓아 모전을 만드는 기술자였다. 주로 색전을 만들었으나 얼마 전부터 화전을 만들기 시작했다고 자랑이었다. 색전은 한 가지 색으로 만드는 것이고, 화전은 여러 가지 색으로 꽃문양 같은 것을 넣어서 만드는 모전이었다. 화전을 만들 수 있어야 진짜 기술자라고 했다.

부소는 어려서부터 어머니가 모전 만드는 걸 자주 구경했다. 그 과정이 신기하고 흥미로워서 보고 있으면 시간 가는 줄 몰랐다. 가끔 어머니를 거들기도 했다. 어머니가 하는 대로 양털을 교차시키며 가지런히 놓는 일이 쉽지는 않았다. 두께를 일정하게 해야 하고, 양털의 결을 맞춰 정교하게 놓아야 하는 작업이었다. 가벼운 양털이 날리지 않게 손놀림 하나라도 조심해야 했다. 양털을 다 놓고 나면 잘 고정시킨 후 양잿물에 적셨다. 그런 다음 방망이로 문질러 열을 내야 한다. 이 작업을 잘 해야 양털이 서로 잘 엉켜 떨어지지 않는다. 이 과정 역시 매우 어려워서 아무나 할 수 있는 일이 아니었다.

어머니는 색을 입힌 양털 바구니를 들고 며칠 전부터 만들기 시작한 화전 앞에 가서 앉았다. 손바닥 두 개 크기만 한 꽃이 대강 자리를 잡고 있었다. 꽃잎과 꽃술이 자리를 잡으려면 얼마나 오래 걸릴지 알 수 없었다.

부소는 공방에서 가장 오래 일했다는 방장 아저씨에게 다가갔다. 사실 부소가 공방에 올 때는 어머니보다 방장 아저씨 옆에 가 있는 때가 더 많았다. 아저씨는 중심에서부터 꽃문양이 커다랗게 퍼져 나가는 화려한 화전을 만들고 있었다. 거의 다 만들어진 화전의 문양이 한눈에 들어왔다.

한가운데 있는 큼지막한 꽃문양은 단순한 듯 정교하고, 소박한 듯 화려했다. 쪽빛 꽃술 둘레를 꽃잎 여덟 개가 둥글게 감싸고 있었다. 활짝 핀 꽃을 위에서 내려다본 모습이었다. 네 개의 모서리에는 작은 구름무늬가 놓여 있었다. 세밀하고 아름답기 그지없었다. 여왕에게 바칠 모전이라고 했다.

몇 달째 무늬를 넣고 있는 아저씨는 한 가닥 한 가닥 공을 들이느라 모전에 온통 집중해 있었다. 부소는 한참 동안 아저씨의 손놀림에 넋이 빠져 있었다. 아저씨가 가는 꽃술 하나를 마저 놓고 고개를 들자 부소도 같이 고개를 들며 가만히 숨을 토해 냈다. 자기도 모르게 숨을 멈추고 있었던 것이다. 가슴이 뛰고 있었다. 아저씨가 부소를 발견하고 빙긋 웃었다. 부소가 머쓱하여 아저씨 손으로 눈을 돌렸다. 솥뚜껑같이 크고 투박한 손이 꽃잎 하나 하나마다 새털 같은 결을 만들어 냈다는 게 믿어지지 않았다.

"부소 너, 오늘 마음으로는 나하고 꽃잎 하나 만들었다."

부소는 방장 아저씨 말에 잠시 어리둥절해하다가 웃으며 머리를 긁었다.

"부소야, 홍화 좀 더 따다 줄래? 우리 일꾼들도 많이 따 오긴 했는데, 이건 많이 필요하거든."

채반을 정리하던 아주머니가 말했다. 부소는 흔쾌히 대답했다.

"네, 그럴게요."

"부소가 재미로 따 주는 건데 왜 일꾼처럼 시키고 그러세요?"

일을 마무리하던 기술자 아저씨가 고개를 들며 농담 삼아 핀잔을 주었다.

"재미로 하니까 부탁하는 거지. 모전 구경하느라 목 빠질 거 같던데, 못 봤어?"

"부소야, 그러지 말고 너도 기술자 하는 게 어때?"
"그게 좋겠네."

사람들이 같이 웃었다. 마침 밖에서 들어오던 어머니가 무슨 소린가 하고 어리둥절해했다.

부소는 어머니가 뒷정리하는 걸 거들었다. 어머니와 같이 집으로 돌아오는 고샅길에 저녁 해가 길게 떨어지고 있었다.

## 고타소의 혼인 소식

춘추공 집은 살림 규모가 커서 집사가 해야 할 일이 많았다. 집사 어른이 부소에게 맡기는 일거리가 자꾸 늘어났다. 추수가 끝날 무렵에는 멀리까지 수레를 끌고 심부름 가는 날도 많아졌다. 간단한 물건 목록을 점검하는 일도 부소 몫이 되었다. 그만큼 인정해 준다는 것이어서 부소는 열심히 일했다.

찬바람이 불면서 일이 좀 한가해졌다. 부소는 집사 어른이 건네주는 큼지막한 상자를 들고 춘추공을 만나러 갔다. 사랑채에 있다던 춘추공이 방에 없었다. 나중에 다시 올까 하다가 뒷마당으로 갔더니 춘추공은 거기서 뒷짐을 진 채 묵묵히 걷고 있었다. 춘추공은 깊은 생각에 잠긴 듯 부소의 발자국 소리도 듣지 못했다. 그 표정이 워낙 진지하여 부소는 기척도 내지 못하고 그대로 서서 기다렸다.

마침 눈발이 날리기 시작했다. 춘추공은 그걸 아는지 모르는지 차가운 눈을 얼굴에 맞으면서 계속 거닐었다. 높디높은 분이 었지만 그 얼굴에 서린 고뇌는 부소의 마음이 아릴 정도로 깊어 보였다.

마당에 얇게 눈이 깔린 즈음에야 춘추공이 부소를 발견하고 깜짝했다.

"부소야, 왜 거기……. 어이쿠! 눈이 오는구나."

춘추공은 손을 머리 위로 들어 눈발을 가렸다. 눈이 오는 것도 모르고 눈 속을 걸었다는 게 어이가 없었다. 부소는 허리를 굽히고 상자를 내밀었다.

"네 머리가 하얗게 덮인 것을 보니 꽤 오래 서 있었던 모양이구나. 들어가자. 나하고 차 한잔 하자꾸나."

부소는 잔뜩 긴장한 채 춘추공을 따라 방으로 들어갔다. 춘추공이 다정하게 대해 주어도 부소는 이런 자리가 늘 어려웠다. 춘추공은 부소가 준 상자를 열어 종이 뭉치를 대충 보고는 밀어 놓았다. 그러고는 오랫동안 말이 없었다. 찻상이 들어오고도 부소는 입도 떼지 못하고 얼어 있었다. 춘추공이 찻잔을 들며 말문을 열었다.

"사는 일은 언제나 힘든 결정의 연속이로구나. 상황은 늘 원하는 대로, 예측한 대로 흘러가 주지도 않고 말이다. 너도 그러냐, 부소야?"

춘추공은 부소를 보며 장난치듯 웃었으나 오히려 쓸쓸하게 보였다. 부소가 감히 예, 아니오, 하고 대답할 질문이 아니었다.

"오늘 내가 중요한 결정을 했거든. 남 보기엔 단호한 결정 같겠지만 속으로는 나도 몹시 두렵구나. 잘했는지, 잘못되지나 않을는지……. 그 두려움을 홀로 이겨 내야만 하는 게 정말이지 힘들구나."

춘추공은 마치 법민에게 하듯이 속마음을 내보였다. 부소는 거인처럼 커 보이던 춘추공에게서 작고 여린 모습을 보았다.

"차 맛이 좋구나. 한 잔 더 줄래?"

"예."

춘추공은 가끔 그렇게 스스럼없이 부소를 대할 때가 있었다. 그런 식으로 힘이 되어 주고자 하는 마음이 느껴졌다. 부소는 공경과 감사의 마음을 함께 느끼며 조심스레 춘추공의 빈 찻잔에 차를 따랐다.

"집사는 네가 착실해서 미덥다고 하던데, 일은 할 만하더냐?"

"예."

"그래, 잘 배워 두어라."

"예."

"마셔라. 눈 오는 날엔 차가 더 맛있는 법이다."

춘추공이 부소 찻잔에 차를 따라 주었다. 부소는 당황해서 찻잔을 들고 단숨에 마셔 버렸다. 춘추공이 빙긋 웃으며 한 잔 더 따라 주었다.

겨울이 끝나 갈 무렵, 부소는 공방에서 어머니 일을 거들다가 춘추공 집으로 갔다. 한갓진 때라 별로 할 일은 없었지만 거르기가 섭섭해서 갔더니 집사 어른이 청소를 하고 있었다.
"심심해서 먼지 좀 털고 있다."
부소는 자잘한 심부름을 하며 거들었다.
일이 대충 끝난 무렵이었다. 고타소가 부소를 찾았다. 바람 쐬러 가자는 거였다.
"아직 바람이 찬데……."
부소는 사랑채 쪽을 흘깃 보았다. 김유신 장군이 와서 춘추공, 법민이 함께 차를 마시고 있었다. 법민은 두 사람의 차 시중을 들며 묵직한 이야기를 귀담아 듣고 있을 터였다. 그러니까 고타소 말은 둘이서 나가자는 것이었다.
"말 탈 거야."
해가 지려면 아직 여유가 있었다. 부소는 집사 어른에게 이야기하고 고타소의 말을 가지러 갔다.
"부소가 탈 말도 내어 주세요."
고타소는 마구간까지 따라와 한 마리를 더 청했다. 부소도 같이 말을 타자는 뜻이었다. 법민과 함께라면 몰라도 둘이서는 함께 말 타고 나간 적이 없었다.

"멀리 가시게요?"

"아니, 그냥 바람이나 쏘이게 형산강에 나갈 거야."

썩 멀지는 않지만 바다까지 이어진 강이니 어디까지 가느냐에 따라 꽤 먼 거리가 될 수도 있었다. 둘이서 나란히 말을 타고 길을 나섰다.

서라벌 거리는 사람들로 붐볐다. 등짐을 진 사람들, 짐 실은 달구지, 하인을 거느린 귀족들의 수레가 쉴 새 없이 오갔다. 말들이 서로 비켜 갔다. 말 등에 몸을 맡기고 천천히 가고 있는 고타소의 옆모습은 전보다 훨씬 성숙해 보였다. 늘 말고삐를 잡고 올려다보기만 하다가 말 등에서 고타소를 돌아보니 기분이 썩 괜찮았다. 고타소의 장난기 어린 웃음이 상쾌했다.

고타소와 나란히 말을 타고 서라벌 거리를 당당하게 걷노라니 부소는 마치 고타소와 진짜 동무가 된 것 같았다. 부소는 잠시 고타소와 동무가 될 수 있게 자신이 정말 귀족이었으면 좋겠다는 생각을 했다.

서라벌 중심부를 벗어나자 고타소는 속도를 내며 능숙하게 말을 달렸다. 고타소의 긴 머리채가 꽃댕기와 함께 휘날렸다. 부소도 고타소의 속도에 맞춰 따라 달렸다. 고타소를 스쳐 온 바람이 부소의 뺨에 부딪혔다. 뺨이 시렸다. 형산강이 보인다 싶더니 고타소가 갑자기 속력을 더 올렸다. 왼쪽에 강, 오른쪽에 들을 끼고 고타소는 계속 달렸다. 부소도 간만에 힘껏 달렸다. 들이, 나무가 획획 지나갔다. 찬바람이 귀를 파고들어도 기분은 상쾌하기 그지없었다.

너무 멀리 가는 것 같았다. 바다까지 간다면 돌아올 때 어두울 것이다. 부소는 고타소 옆으로 다가갔다.

"아가씨! 그만 돌아가셔야죠."

부소 말소리는 말발굽과 바람 소리에 흩어졌다. 고타소는 부소를 무시하고 계속 달렸다. 부소가 속력을 내어 앞질렀다. 멀찌감치 앞섰을 때 부소는 속도를 늦추고 말머리를 돌려 막아섰다. 고타소가 말고삐를 잡아채며 천천히 멈추었다. 고타소 얼굴이 발갛게 상기되어 있었다.

"실력이 많이 느셨네요."

"네가 더 신이 난 것 같은데?"

"뭐, 오랜만에 나왔으니까요. 잠깐 바람이나 쐰다더니 바다까지 갈 생각이셨어요?"

"거기까지 갔다가는 네가 혼이 나지 않겠니?"

고타소는 이마로 흘러내린 머리카락을 쓸어 넘기며 웃었다. 둘은 말을 돌려 천천히 걸었다.

형산강은 물결을 반짝이며 잔잔히 흐르고 있었다. 아이들 몇이 물수제비를 뜨며 놀고 있었다. 그 옆에는 여인들이 빨래가 마르기를 기다리며 이야기를 나누고 있었다. 여기저기 하얀 빨래들이 널려 있는 강변에는 늦은 오후의 햇살을 받아 자갈돌이 하얗게 빛나고 있었다.

고타소는 강 둔덕을 따라 천천히 가다가 강가로 내려갔다. 부소는 말에서 내려 고타소가 내리는 걸 도와주었다.

큼직한 돌을 찾아 앉은 고타소는 부소에게도 앉으라 했다. 부소는 자갈 위에 앉았다. 자갈은 낮 동안 내내 햇볕을 받아 따뜻했다.

"부소야, 우리도 여기서 참 많이 놀았다, 그지? 네가 피라미도 엄청 잡아 주고."

"어렸을 때죠."

"그래, 법민이 줄곧 졸라 대는 바람에 나도 덩달아 잘 놀았지. 네가 있어서 참 즐거웠어."

"저야말로 아가씨와 법민 공자님 덕분에 분에 넘치는 어린 시절을 보냈지요. 그런데 갑자기 왜 이런 말을……."

고타소 말과 표정이 너무 진지한 것 같아 부소가 눈치를 보았다. 귀족 친척들하고 있을 때라면 몰라도 부소와 있을 때는 아이같이 명랑하게 구는 게 보통이었다. 고타소가 저답지 않게 조용히 웃었다.

"우리 너무 빨리 크는 것 같지 않니?"

"왜요? 크는 게 싫으세요?"

부소가 물었다. 고타소는 웃는 듯하더니 불쑥 말했다.

"너는 네가 듬직한 남자로 자라고 있다는 걸 알고 있니?"

부소는 화들짝 놀랐다. 순간 기분이 좋았지만 이내 고개를 흔들었다. 지금껏 남한테서 남자답다는 소리는 들어 보지 못했다. 이웃 아주머니들은 부소가 아버지 같지 않다고 그랬다. 아버지는 용감하고 호탕하여 남자다웠다고 했다. 고타소 말은 나에게도 아버지와 비슷한 면이 있다는 건가? 부소가 고개 저으며 말했다.

"아시잖아요? 저는 동무들한테 남자답지 못하다고 놀림이나 받는데요."

"칼 쓰고 힘쓴다고 남자다운 게 아니지."

부소는 무슨 뜻인가 하고 고타소를 보았다.

"미덥고, 같이 있으면 안심이 되는……. 글쎄 뭐, 풀밭 같은 데가 있어, 너는."

풀밭, 부소는 작년에 춘추공이 했던 말을 떠올렸다.

'내게 네 아비는 대자로 퍼질러 누워 쉴 수 있는 풀밭 같았다.'

지금 고타소는 부소를 풀밭 같다고 했다. 부소는 속에서 기쁨 같은 게 스르르 올라오는 걸 느꼈다. 아버지 같은 면이 있다는 것도 기쁘고, 고타소가 미덥다, 풀밭 같다고 해 준 것도 기뻤다. 지금 부소는 고타소에게 괜찮은 남자로 인정받고 있는 거였다.

"너는 어른이 되는 게 좋으니?"

"글쎄요."

"빨리 어른이 되어 혼인도 하고 아이도 낳고 그러고 싶어?"

"혼인요?"

부소는 미처 생각지 못한 말에 화들짝했다.

"그래, 어른이 되면 지아비도 될 거고, 아버지도 될 거고, 할아버지도 될 거고."

부소가 뭐라고 할 말을 찾지 못하는 사이에 고타소는 자갈을 들어 툭 던졌다. 힘이 들어가지 않은 자갈은 바로 앞에 툭 떨어졌다.

"내년이나 내후년쯤이면 이렇게 너와 함께 놀러 나오지 못할 거야. 혼인을 할지도 모르거든."

부소는 깜짝했다. 열일곱, 혼인할 나이이긴 했다. 하지만 정말 생각지도 못한 일이었다. 여태껏 그런 말이 나온 적도 없었다.

"갑자기 누구랑요?"

"갑자기는…… 그래, 갑자기 맞지. 나도 며칠 전에 들었으니까. 어른들끼리는 전부터 이야기가 있었다지만."

"그러니까 누구랑요?"

부소는 자기도 모르게 큰 소리로 재촉을 했다.

"아버지 일을 든든하게 뒷받침해 줄 재력 있는 귀족 집이야. 왜를 오가는 큰 무역 상단도 가지고 있고."

왜를 오가는 무역 상단, 부소는 언뜻 짚이는 게 있었다.

"혹시 전에 묵었던 울주……."

고타소가 고개를 끄덕였다. 그럼 그 미끈하게 생긴 귀족, 품석이라 했던가?

"넘어져 있는 어린아이에게 목검을 겨누고 의기양양하게 웃던 그 사람 말인가요?"

고타소가 눈을 동그랗게 떴다. 부소는 아차 싶었지만 내뱉은 말을 주워 담을 수는 없었다.

"너, 그 사람이 마음에 안 드는구나."

고타소가 희미하게 웃었다.

"제가 감히 마음에 든다, 안 든다 할……."

부소는 말끝을 흐렸다. 감히 귀족을 상대로 할 이야기가 아니었다. 더구나 고타소와 혼인을 할 사람이었다. 이거였나? 두어 달 전, 춘추공이 힘든 결정을 했다더니. 부소는 공연히 끓어오르는 심사를 애써 눌렀다.

"아버지가 왜와 외교적 친분을 쌓으려고 많이 궁리하시는 거 알지?"

"예, 지금도 사랑채에서 김유신 장군과 왜에 대한 이야기를 하고 계신 것 같던데요."

"그래, 왜는 언제든 신라에 위협이 될 수 있어. 그러니까 친해 둬야 할 필요가 있어."

"그게 아가씨 혼인과 무슨……."

"그 집안이 왜의 왕실, 귀족과 왕래가 잦잖아. 내가 왜의 귀족들과 직접 교류하게 되면 아버지께 큰 도움이 될 거야."

"아가씨가 무역 일에 나서실 거라고요?"

"아마도. 법민은 아버지의 뜻을 고스란히 이어받고 완성할 거야. 나는 무역과 외교로 도울 거고."

고타소의 말투가 다부졌다. 왕족의 딸다웠다.

"그분이 마음에 드세요?"

"글쎄."

"혼인은 아가씨가 연모하는 분과 하셔야……."

고타소는 쓸쓸하게 웃었다.

"왕족이 연모로 혼인하는 게 어딨어? 다 정략으로 하지."

정략혼인, 왕족이나 귀족들은 보통 두 집안의 필요에 의해 혼인한다고 했다.

김유신 장군 집안과 춘추공 집안의 관계도 법민의 어머니 문희 부인과 춘추공의 혼인으로 아주 돈독해졌다고 들었다. 두 사람의 연애와 혼인 이야기는 서라벌 사람들이 다 알 만큼 유명했지만, 그 시작은 다분히 정략적이었다는 것도 다 아는 사실이었다. 힘없는 가야 왕족 출신의 김유신 장군이 춘추공에게 여동생 문희를 소개하여 혼인으로 이끈 것은 두 집안의 결속을 단단히 하기 위해서였다. 김유신 장군이 춘추공의 자질을 알아보고 집안의 운명을 춘추공에게 건 것이었다.

고타소와 그 귀족도 춘추공과 문희 부인처럼 서로 사랑하게

될까? 부소는 가슴이 먹먹했다.

"부소야, 난 신라의 왕족이야. 이제부터 아버지를 위해, 신라를 위해 할 일이 많아."

고타소는 자신에게 다짐하듯 말했다. 부소와 고타소 사이에 굵은 선이 하나 죽 그어지는 것 같았다.

"아는 귀족 자제분들 중에 마음이 가는 사람도 있었을 것 아녜요?"

"있었으면 네가 몰랐겠니?"

고타소가 가만히 웃었다. 그랬을까? 연모하는 사람이 생겼으면 부소에게 말했을까? 최소한 눈치는 챌 수 있었겠지. 어쩌면 편지 심부름 같은 걸 시켰을지도 모르고.

고타소가 일어섰다.

"아무래도 우리가 너무 커 버렸어. 나는 있지, 이제 어른들의 세계로 넘어가는 것 같아서 많이 서운해. 어른들의 세계는 썩 즐겁지만은 않을 것 같아."

부소도 따라 일어서며 말했다.

"어른이 되면 불확실한 것들이 확실해지지 않을까요?"

 고타소가 부소 얼굴을 빤히 보았다. 웬 불확실이냐는 표정이다가 픽, 웃었다.
 "글쎄, 사람 일에 확실한 게 뭐가 있겠니? 확실하게 하려고 다들 애쓰는 거지. 하나를 확실하게 하고 나면 다른 불확실한 것들이 또 생겨나잖아."
 "그냥, 지금은 아무것도 뚜렷이 잡히는 게 없다는 생각이 들어서요."
 부소는 어정쩡하게 웃었다. 고타소가 한참 동안 가만히 있더니 부소 눈을 보며 말했다.
 "왜 뚜렷이 잡히는 게 없어? 너는 집사가 되어 우리 집을 돌봐 줄 거잖아. 나는 네가 앞으로도 우리 가까이에 있으면 좋겠어."
 부소는 가까이에 있어 달라는 말이 예전처럼 기쁘지가 않았다. 집으로 돌아오는 길에 고타소는 한마디도 하지 않았다. 부소도 아무 말 없이 말을 몰았다.

## 나무 새

춘추공은 대야성에 가 있어서 오랫동안 집을 비우고 있었다. 이번 길엔 법민이 동행을 한다더니 나중에 품석까지 함께 갔다는 말이 들려 부소 마음을 쓰리게 했다. 이제 고타소와 품석의 혼인은 공공연한 사실이 되었다.

연일 비가 내렸다. 봄을 데려오는 비였다. 일찍 집에 돌아온 부소는 빗소리를 들으며 나무를 깎기 시작했다. 새를 깎을 생각이었다. 숲에 가면 늘 새를 찾아 고개를 이리저리 돌리던 고타소, 새소리처럼 맑게 울려 퍼지던 고타소의 목소리, 부소에게 고타소는 새였다.

나무토막은 차츰 새가 되어 갔다. 고타소와 즐겁게 지냈던 기억들이 새의 부리가 되고 깃털이 되었다. 나무 깎기는 부소의 아픈 마음을 잠시 잊게 해 주었다. 날이 어두워지는 줄도 모르고 나무를 깎고 있다가 어머니가 와서야 멈추었다.

"손 다칠라. 날도 어두운데 뭘 하느라고 그러니?"

새를 깎고 있다는 부소의 말에 어머니는 별말 없이 고개만 끄덕이고는 불을 밝혀 주었다. 한참 깎는 데에 집중해 있다가 문득 어머니의 시선을 느꼈다. 고개를 드니 어머니가 부소 손목을 물끄러미 보고 있었다. 처음 다쳤을 때 마치 자신이 다친 것처럼 아파하던 어머니였다. 부소는 슬그머니 멈추었다. 어머니는 아무 말 하지 않고 그저 시선을 거두었다.

부소는 작은 칼을 꼭 쥐어 보았다. 새를 깎다 보면 아무 생각도 나지 않을 때가 있었다. 부소는 문득 어머니가 모전에 문양을 넣을 때 무섭도록 집중하던 모습을 떠올렸다. 어쩌면 어머니는 고통을 잊으려고 모전에 파고드는 게 아닐까? 부소는 나무토막을 든 채 슬그머니 물었다.

"어머니, 모전에 문양을 넣는 동안 어머니 마음은 어떤데요?"

"갑자기 왜 그런 걸 묻니?"

"그냥, 오랫동안 고개도 안 들고 애쓰시잖아요. 온 세상이 그 안에 있는 것처럼요."

"그렇게 보였니? 음, 오히려 아무것도 애쓰지 않는 시간인데. 하다 보면 다 잊게 되거든."

어머니 입꼬리가 살짝 웃는 듯 올라갔다가 제자리로 돌아왔다. 어머니의 미소에는 늘 슬픔이 함께 있었다. 부소는 그렇게라도 어머니가 웃을 때가 좋았다.

아무것도 애쓰지 않는 시간, 늘 애쓰며 살다가 애쓰는 걸 잊어버리는 시간. 부소는 어머니 마음 한 자락을 이해하게 된 것 같았다. 어쩌면 그 시간은 세상의 슬픔이나 고통과는 상관없는, 전혀 다른 세계일지도 몰랐다.

부소는 새의 모양새가 되어 가는 나무토막을 내려다보았다. 꺼칠하게 나뭇결이 일어난 것을 손톱으로 긁고 있는데 손등에 눈물이 툭 떨어졌다.

춘추공이 집에 없는 동안에는 드나드는 손님들도 뜸해서 온 집 안이 다 조용했다. 하인들의 움직임도 눈에 덜 띄었다. 비가 오다 살짝 그친 참이라 춘추공 집의 뜰은 한층 더 푸르고 윤기가 있었다. 연못가 풀 사이로 고개를 내민 작은 꽃들도 물방울이 맺혀 더 앙증맞았다.

부소는 고타소가 있는 별채를 기웃거렸다. 별채 앞마당에는 아무도 없었다.

나무 새가 완성된 것은 여러 날 전이었다. 하지만 그걸 고타소에게 줘야겠다고 생각한 것은 어젯밤이었다. 심란한 마음에 시작한 건데 다 만들고 보니 꽤 모양이 났다. 어릴 적에 팽이를 다

듣어 줬을 때도 좋아라 하던 고타소였으니 분명 좋아할 것이었다. 하지만 나무 새는 팽이와 달랐다. 처음부터 고타소에게 주려고 만든 것도 아니고, 고타소가 가지고 놀 수 있는 것도 아니었다. 부소는 밤새도록 준다, 안 준다 하며 망설이다가 들고 나왔다. 집사 어른을 도와 일을 하면서도 여러 번 생각을 뒤집었다 엎었다 했다. 결국 부소는 나무 새를 들고 별채까지 오고 말았다.

작은 연못 쪽으로 난 바람맞이 창이 활짝 열려 있었다. 그 앞에서 부소가 아가씨, 하고 부르자 기다리기라도 했던 것처럼 고타소가 얼굴을 내밀더니 환하게 웃었다. 부소는 눈을 마주 보기가 어색하여 시선을 살짝 비꼈다.

"저쪽으로 와."

고타소가 방문 쪽으로 와서 문을 열어 주었다.

"수를 놓던 중이었어. 보여 줄까?"

부소가 머뭇대자 고타소가 수선을 떨었다. 부소는 베수건에 싼 나무 새를 슬그머니 내밀었다.

"뭐야?"

"새 좋아하시잖아요."

고타소가 수건을 풀고는 반색을 했다.

"어머, 예쁘다! 설마 네가 깎은 거니? 나 주려고?"

"오래 걸렸어요. 마음에 들면 가지세요."

"마음에 드는 정도가 아니야. 네가 나 주려고 만든 건데……."

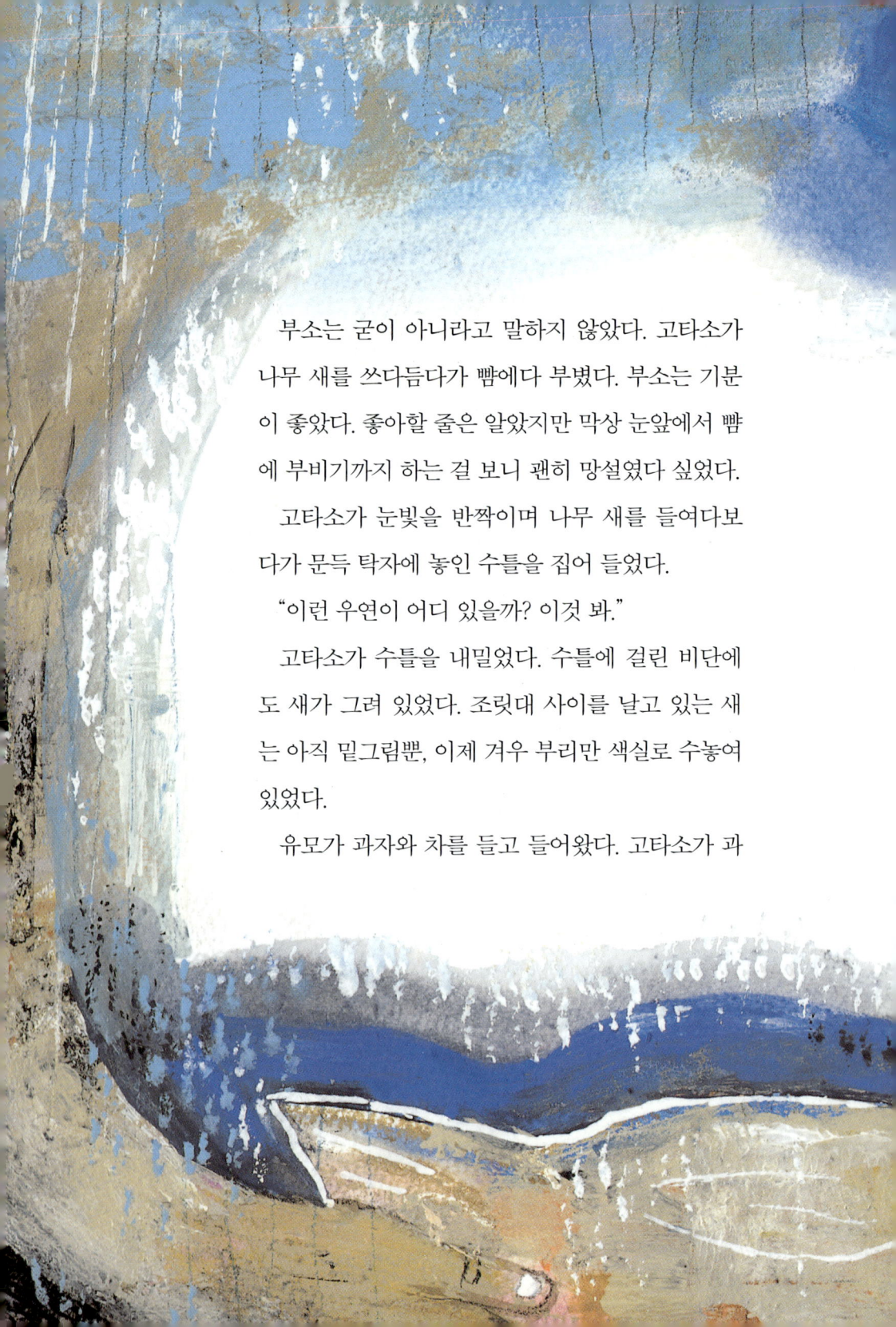

부소는 굳이 아니라고 말하지 않았다. 고타소가 나무 새를 쓰다듬다가 뺨에다 부볐다. 부소는 기분이 좋았다. 좋아할 줄은 알았지만 막상 눈앞에서 뺨에 부비기까지 하는 걸 보니 괜히 망설였다 싶었다.

고타소가 눈빛을 반짝이며 나무 새를 들여다보다가 문득 탁자에 놓인 수틀을 집어 들었다.

"이런 우연이 어디 있을까? 이것 봐."

고타소가 수틀을 내밀었다. 수틀에 걸린 비단에도 새가 그려 있었다. 조릿대 사이를 날고 있는 새는 아직 밑그림뿐, 이제 겨우 부리만 색실로 수놓여 있었다.

유모가 과자와 차를 들고 들어왔다. 고타소가 과

 자가 담긴 그릇을 부소 쪽으로 밀었다. 부소는 과자 한 조각을 입에 넣고 유모가 따라 주는 차를 비우고는 밖으로 나왔다.
 막 중문을 나서는데 말 하나가 달려오더니 섰다. 품석이었다. 대야성에 갔다더니 혼자서 먼저 온 모양이었다. 화려한 비단옷 자락을 날리며 말에서 뛰어내린 품석은 춘추공 집의 마부가 다가오자 말채찍을 휙 던져 넘겨주었다. 손에는 작은 비단 상자 하나가 들려 있었다. 부소는 단박에 품석을 알아보았지만 품석은 바로 옆을 지나치면서도 부소를 전

혀 알아보지 못했다. 사흘 동안 품석의 집에 머물렀지만 부소를 하인 이상으로 눈여겨보지 않았을 터였다. 품석은 거침없이 안으로 들어갔다. 이제 춘추공 집에 혼자 드나들 정도가 된 것이었다. 어쩌면 품석이 들고 있는 고운 비단 상자가 고타소 방에 놓일지 모른다는 생각을 하며 부소는 터덜터덜 집으로 돌아왔다.

## 군사가 되다

 고구려군이 칠중성을 대대적으로 공격했다는 소식이 날아들었다. 대야성 쪽에서 백제군과의 자잘한 접촉이 자꾸 생겨서 춘추공의 귀가가 늦어지고 법민만 먼저 돌아와 있던 차였다. 춘추공과 함께 국경을 둘러보고 온 법민은 한결 어른스러워져 있었다.
 법민은 전쟁 상황을 파악하기 위해 분주하게 궁을 드나들었다.
 칠중성은 고구려와의 국경 지역에 있는 성으로 진흥왕 때에 신라의 영토가 된 곳이었다. 백제가 신라군의 발을 묶고 있는 상태에서 고구려군의 침공은 적잖은 타격이었다. 서라벌 거리는 전쟁 소식에 온통 술렁였다.
 부소가 대장간에 주문한 부엌칼을 찾으러 갔더니 사람들이 모여 웅성거리고 있었다.

"몇 년째 백제하고 지루한 전쟁을 하고 있는데 이제 고구려까지, 정말 큰일 아닌가?"

"큰일이지. 백제 국경 지역에 나가 있는 군사들을 빼 올 수도 없을 텐데. 백제가 기회를 틈타 군사를 크게 일으킬지 모르니까 말이야."

"고구려 놈들이 그걸 노렸을 거야."

"백제와 고구려가 우리 신라 잡아먹으려고 짰지, 뭐."

모여 있던 사람들이 연거푸 한숨을 쉬었다.

"이러다 또 징집령이 떨어지는 거 아냐?"

"어휴, 남은 젊은이가 얼마나 있다고."

"젊은이들을 아예 전쟁터로 쓸어 가는 거지, 뭐. 까딱하면 늙은 나도 나서야 할지 모르겠군."

"아이고, 나도 쟁기 대신 칼을 벼려야 하는 거 아닌가 모르겠네."

사람들 말을 듣고 있던 노인 대장장이가 풀무질을 세게 하며 중얼거렸다.

"쟁기 잡을 사람도 자꾸 줄고 있잖아요."

옆에 있던 젊은 대장장이가 노인 대장장이의 말에 대꾸했다.

"군사로 나오라면 가야지 우리 같은 사람이 별수 있나? 일이나 합시다."

노인 대장장이의 말에 사람들이 자리를 뜨며 투덜거렸다.

"아이고, 전쟁. 정말 징글징글하다."

"누가 아니래."

그때 젊은 대장장이가 부소를 발견했다.

"어? 춘추공 댁 거?"

대장장이가 가마니에 둘둘 싼 물건을 내주며 말을 걸었다.

"여기 있다. 춘추공께서는 아직 대야성에 계신다면서?"

"예."

"오래 계신 걸 보면 거기도 만만찮은 상황인가 보네."

"예, 그런가 봐요."

"쯧쯧, 그래, 얼른 가 봐라."

대장간 앞으로 군사 행렬이 길게 지나갔다. 길을 내주느라 양쪽으로 늘어선 사람들 얼굴이 하나같이 굳어 있었다.

부소가 대장간에서 돌아오니 월성궁에 들어갔던 법민이 막 도착해 있었다.

"알천 장군이 서라벌에 남아 있는 군사들을 데리고 칠중성을 지원하러 간대."

법민의 얼굴이 전에 없이 굳어 있었다.

"화랑들이 군사로 나가게 됐어. 나는 열다섯 살이라 안 된대."

법민은 당장 출정할 수 없는 것이 분한 듯했다.

"춘추공도 안 계신데 공자님은 집을 지키셔야지요."

"칠중성이 무너지면 한수를 잃게 돼. 꼭 막아야 한다고."
법민의 표정에 춘추공의 고뇌하는 모습이 얼핏 비쳤다.
"어쩌면 서라벌에 징집령이 떨어질 것 같아."
"예, 거리에서도 그런 말이 돌고 있어요."
부소는 슬쩍 불안한 마음을 감추고 말했다.
알천 장군이 잘 훈련된 군사를 이끌고 칠중성으로 떠난 다음 날, 서라벌에 징집령이 떨어졌다.
부소도 그 안에 끼어 있었다. 열일곱, 징집되기에는 아직 어리다고 생각했는데 상황이 그만큼 다급한 모양이었다.
징집 소식에 어머니가 사색이 되었다.
칠중성은 부소 아버지가 전사한 낭비성에서 가까운 곳이기도 했다. 어머니는 춘추공이 서라벌에 없는 것을 안타까워했다. 하지만 춘추공이 있다 해도 징집을 면할 수는 없었다. 게다가 징집을 면제받는 일은 신라의 사내아이들 사이에서는 수치스런 일이었다.
부소는 곧바로 훈련에 참가해야 했다. 신라군의 명령에 따라 언제든 전쟁터로 떠나야 할 형편이었다.
"어머니, 만약에 대비하는 거지 전쟁에 꼭 참여하는 건 아니래요. 걱정 마세요."
부소는 어머니를 안심시키려 애썼지만 어머니의 불안은 전혀 가시지 않았다.

하루 종일 훈련에 나갔다가 돌아오면 어머니는 마치 부소가 전쟁터에라도 다녀온 듯 눈물이 글썽글썽했다.

"고구려군이 쳐들어온 것을 막는 거니까 성을 지켜 내기만 하면 되는 거래요. 그리고 우리 부대는 제대로 훈련이 안 되어 있어서 전투보다는 전투 전략에 맞춰 여러 가지 준비하는 일을 맡을 거래요. 오늘 훈련장이 그랬어요."

훈련장의 말은 사실이었다. 전쟁 중에는 돌을 모으거나 무기를 손보는 것, 부상자를 돌보는 것 등 훈련이 덜된 징집자들이 할 일도 많다고 했다. 부소는 두려움이 좀 가셨다. 자신도 신라 사람인 이상 신라군에 힘을 보태야 한다는 결의가 생기기도 했다.

조직이 짜였다. 부대의 대장은 화랑 출신의 장수였다. 부소가 속한 열 명의 소부대 책임자는 위창이 되었다. 부소는 앞으로 내내 위창의 지시를 받아야 했다. 하필 왜 위창인가 싶었지만 어쩔 수 없었다. 위창은 부대장의 말을 흉내 내며 곧장 지휘자처럼 행세했다.

"명령에는 절대 복종이다. 서투른 행동은 자기 목숨뿐 아니라 동료들의 목숨까지 위험하게 한다는 걸 명심해라."

위창은 이 년 가까이 낭도로서 훈련을 받아 온 덕에 몸이 재바르고 제법 군사티가 났다.

"부소! 칼을 그렇게 잡으면 내리치는 힘이 약하다고 했지? 오른쪽으로 조금 더 치켜들어!"

부소를 놀리고 깐족대던 위창이 아니었다. 부소는 순순히 위창의 말을 따랐다.

부대장의 훈련은 강도가 높았다.

"눈이 열 개인 것처럼 단숨에 주위를 살피고 지휘자의 신호에 늘 신경 써라! 신호를 놓치면 목숨을 놓치는 거다!"

부대장의 지휘 아래 계속되는 훈련은 고될 뿐만 아니라 긴장의 연속이었다. 부소는 전쟁터에 간다는 실감이 나고 문득문득 두려움이 몰려왔다.

"어떤 상황에서도 겁먹지 마라! 겁먹으면 지는 거다!"

모두가 모인 자리에서 부대장이 말했다. 부소는 그게 자신에게 하는 말처럼 들렸다. 그래, 겁먹지 말자, 겁먹지 말자. 부소는 스스로에게 주문을 걸었다.

알천 장군이 떠나고 보름 만에 출정일이 잡혔다. 어머니가 하얗게 질리는 바람에 부소는 태연한 척, 예사로운 척하다 보니 정말로 두려움이 덜했다.

출정 전날, 훈련을 마치고 집에 돌아오니 고타소가 기다리고 있었다.

"네가 도착하기 전에 전쟁이 끝날 수도 있어. 그러면 곧장 돌아오게 될 거야."

고타소는 부소 손을 꼭 잡고 짐짓 큰 소리로 말했다. 어머니를 안심시키려는 마음이 보였다.

"예, 아가씨. 알천 장군께서 가 있으니 신라군은 걱정 없어요."

부소도 역시 어머니 들으라고 일부러 또박또박 말했다. 어머니는 오늘 공방에도 나가지 않은 듯했다. 고타소가 큼직한 보통이를 내밀었다. 떡이었다.

"가다가 먹어."

"고마워요, 아가씨."

"법민도 그랬어. 오래 걸리지 않을 거라고. 먼저 간 군사들이 뛰어나다니까 걱정 없어. 꼭 무사해야 해."

"걱정 마세요."

부소가 애써 웃어 보였지만 고타소는 눈물이 글썽했다. 부소는 고타소의 젖은 눈을 보고 어찌할 바를 몰랐다. 생사를 기약할 수 없는 곳으로 떠난다는 실감이 났다.

어린 화랑과 낭도들 역시 만약에 대비해 강도 높은 군사 훈련을 받느라 서라벌 외곽 지역에 나가 있다고 했다. 법민도 거기에 가 있었다. 전쟁이야 수시로 있는 거지만 한꺼번에 백제와 고구려를 막아야 하는 지금은 서라벌 전체가 비상사태인 셈이었다. 어머니가 부엌으로 간 사이 고타소가 품에서 납작한 주머니 하나를 꺼냈다.

"가져가."

"뭐예요?"

주머니를 열어 펴 보니 새가 수놓아진 비단이었다. 부소가 나무 새를 만들어 갔던 날 본 것이었다. 그때는 겨우 새의 부리만 색실로 수놓여 있었다.

"다 놓으셨네요. 이걸 왜 저에게……."

"부디 몸조심해."

"아가씨."

고타소가 양손으로 부소 손을 꼭 잡았다.

"꼭 돌아와서 내 옆에 있어. 다치면 업어 주고, 같이 꽃도 따러 가고……."

고타소는 말을 다 맺지 못하고 부소 손목의 상처를 어루만졌다. 그러다 갑자기 자리에서 일어났다. 부소는 고타소를 따라나섰다. 문밖에 유모가 기다리고 있었다. 부소가 마지막 인사를 하려 했지만 고타소는 이미 돌아서 있었다.

"아가씨!"

부소가 불러도 고타소는 돌아보지 않고 걸음을 떼었다. 아가씨가 우는구나. 부소는 눈물이 왈칵 쏟아졌다.

벌써 하늘이 어두워져 있었다. 부소는 한참 동안 하늘을 올려다보다가 집으로 들어왔다. 어머니가 비단을 펼쳐 들고 있다가 말없이 부소에게 내밀었다.

## 칠중성 전투

 부소는 새벽 어스름까지 뒤척였다. 어머니 역시 밤새 잠을 못 이룬 듯하더니 일찌감치 밥상을 차렸다. 며칠 새에 눈이 퀭해진 어머니는 의연한 척 평소처럼 부소 숟가락에 이것저것 반찬을 올려 주었다. 부소도 짐짓 걱정을 감추었다.
 "어머니, 새로 시작한 모전에 꽃문양 예쁘게 놓고 계세요. 다 끝내시기 전에 돌아올 테니까요."
 부소는 눈물이 그렁그렁한 어머니 손을 꼭 잡고 애써 환하게 웃었다.
 막 해가 뜬 서라벌 거리는 출정하는 군사와 배웅 나온 사람들로 붐볐다. 부소는 혹시나 하고 고타소의 모습을 찾다가 어이가 없어 픽 웃었다. 어제 다녀간 고타소가 자신을 보러 여기까지 나올 리가 없었다. 유모가 이렇게 이른 아침에 고타소를 데리고 나와 줄 리도, 인파 속에 혼자 내보낼 리도 없었다. 부소는 가슴에 손을 대고 속에 넣어 둔 고타소의 비단 새를 더듬었다. 왠지 든든했다.

군사들은 밤낮을 가리지 않고 나아갔다. 국경에 가까워지면서 신라군의 진지들이 군데군데 자주 보였다. 예전에 고구려가 지었다는 튼튼한 보루들에는 신라군의 깃발이 펄럭였다.
마침내 한수에 닿았다. 백제가 건설한 풍납토성과 몽촌토성이 웅장하게 버티고 있었다. 긴박한 상황 속에서도 한수는 푸른 물결을 넘실대며 한껏 풍요로움을 뽐내고 있었다. 강을 끼고 넓은 평야가 펼쳐져 있었다. 진흥왕이 나제 동맹의 배신이라는 멍에를 짊어지면서까지 그토록 탐했던 바로 그 한수였다.
춘추공과 김유신 장군이 늘 말하던 한수, 지금 그 강이 부소 앞에서 흐르고 있었다. 막상 한수를 눈앞에서 보니 부소는 전쟁의 뿌리가 이 강 때문이라는 생각에 마음이 복잡해졌다.
"바로 이 강이구나."
신라가 고구려를 치고, 이어 백제를 쳐서 한수 상하류를 온통 차지한 이후, 지금까지도 한수는 뺏고 뺏기기를 거듭해 오고 있었다. 아버지의 죽음도 저 강 때문이고, 어머니가 웃음을 잃고 모전에 눈을 박고 있는 것도 저 강 때문이었다. 부소가 지금 군사가 되어 이곳에 있는 이유도 저 강 때문이었다.

"수백 년이나 저 강을 두고 세 나라가 피를 흘리고 있는데 강은 아는지 모르는지 유유히 흐르고 있네."

부소는 혼잣말처럼 말했으나 어느새 옆에서 걷던 위창이 듣고 눈을 동그랗게 떴다.

"제법이다?"

위창은 어느새 예전의 위창이 되어 부소를 깐죽대는 투였다. 며칠 간의 고된 행군으로 목에 힘이 빠진 모양이었다.

"우리 아버지가 저 강 때문에 전사하셨다."

부소는 위창이 다른 말을 더 하지 못하게 못을 박아 버렸다. 위창은 머쓱하여 잠시 머뭇대더니 다시 지휘자로 돌아갔다.

"머잖아 저 강 때문에 신라군이 죽는 일은 없어질 것이다."

부소가 멀뚱히 보았다.

"왜냐? 신라군이 기어이 삼한 일통을 이룰 거니까. 우리가 지금 이렇게 출정하는 것도 큰 힘이 되는 거라고."

이럴 때 위창은 제법 봐줄 만했다. 부소가 빙긋이 웃자 위창은 어깨를 으쓱했다. 삼한 일통, 춘추공과 김유신 장군의 꿈은 법민뿐 아니라 이제 위창 같은 일개 낭도에게까지 퍼져 있는 셈이었다.

행렬은 계속 나아갔다. 한수 하류로 나아갈수록 경비가 자못 삼엄하였다. 지척에서 전투가 벌어지고 있으니 이곳도 거의 전시 태세에 돌입했다는 얘기가 들렸다.

　부대는 서라벌을 떠난 지 엿새 만에 칠중성에 도착했다. 칠중성은 나지막한 중성산에 자리 잡고 있었다. 성에서 멀리 칠중하*가 보였다. 강화도 앞바다와 한수, 칠중하와 합쳐지는 곳, 수로와 육로가 만나는 요충지였다. 고구려군은 수시로 얕은 칠중하를 건너서 신라를 침범한다고 했다.
　알천 장군의 지휘를 받은 신라군이 성을 단단하게 방어하고 있었다. 신라군의 사기는 드높았다. 신라군은 한 달 동안 팽팽히 맞서 싸워 칠중성을 지켰다고 했다.
　먼저 와 있던 군사들이 치열했던 전투의 무용담을 늘어놓았다. 신라군은 성 밖에서 전투를 벌여 고구려군을 칠중하 쪽으로 밀어내려 하고, 고구려군은 신라군을 성안으로 몰아넣으려 한다고 했다. 전쟁은 신라군에게 유리해 보였다.
　"싸움이 길어지면 고구려군이 불리해. 우리는 군사들이 지치면 교대하면서 성안에서 쉴 수가 있잖아. 식량도 넉넉하고. 고구려군은 그러지 못해. 칠중하를 넘어 식량을 가져와야 하거든."
　막 도착한 군사들을 마음 놓이게 하는 이야기였다. 하지만 막사 사이를 급하게 뛰어가는 군사들, 피 묻은 옷을 입고 무기를

**칠중하** 지금의 임진강.

손보는 군사들, 주먹밥을 나르는 군사들을 보니 부소는 전쟁이 실감났다. 긴장과 함께 두려움이 몰려왔다.

늦게 합류한 부소네 부대에 곧장 일감이 주어졌다. 밤을 새워 말똥과 유황으로 불화살을 만드는 일이었다. 부소는 생선을 잡다가 징집되어 온 동갑내기 석출, 징집이 두 번째라는 농사꾼 부척 아저씨와 나란히 앉아 부지런히 불화살을 만들었다. 처음이거나 두 번째거나 제대로 훈련을 받지 못하고 온 것은 마찬가지였다.

다음 날, 전투에 참가한 군사들이 부상을 치료하고 쉬는 동안 부소네 부대 군사들은 계속 불화살을 만들었다. 대나무를 깎아 죽창을 만들기도 했다.

"서둘러라! 밤새 만드는 양만큼 내일 신라군의 공격을 승리로 이끌어 줄 것이다!"

위창은 불화살을 만들고 있는 군사들을 재촉하느라 분주했다.

"단단히 뭉쳐."

그러잖아도 다들 손목이 아프도록 말똥과 유황을 뭉치고 있는데 위창이 잔소리를 해 댔다. 하지만 아무도 언짢아하지 않았다. 전쟁에 대한 두려움과 긴장이 더 컸기 때문이다.

이런저런 일들을 마무리하고 막 쉬려던 참이었다. 대장에게 불려 갔다 온 위창이 다급하게 명령했다.

"자, 다들 따라나서라!"

고구려군의 예상 퇴로에 함정을 파라는 명령이 떨어졌다는 것이었다. 고구려 군사들이 있을지도 모르니 발소리를 죽이고 해야 하는 위험한 일이었다.

위창의 지휘 아래 있는 열 명의 군사는 곡괭이와 낮에 깎아 둔 대창을 안고 달빛이 희미한 속을 나섰다. 몇몇은 망을 보면서 함정에 덮을 나무를 꺾고, 몇몇은 가능한 소리가 나지 않게 땅을 팠다. 땅이 깊이 파이자 그 안에 들고 간 대창 몇 개를 꽂았다. 그러고는 나뭇가지로 덮었다. 조용하고 신속한 작업이었다.

두 갈래로 난 숲길을 따라 각각 열 개쯤의 함정을 감쪽같이 만들어 놓고 나니 다들 땀에 흠뻑 젖었다.

군사들은 막사로 돌아가기 위해 길을 잡았다. 고구려 군사를 피하느라 먼 길로 빙 둘러 가는데 앞장선 위창이 갑자기 걸음을 멈추었다.

"누, 누구야!"

위창이 낮게 소리치며 몸을 낮췄다. 다들 납작 엎드리면서 주위를 살폈다.

맞은편에서 휘파람 소리가 났다. 이어서 발소리가 소란스럽게 들려왔다. 그리고 수풀 여기저기에서 한꺼번에 고구려 군사들이 나타났다. 이쪽보다 수가 많았다.

다들 바짝 언 채 곡괭이 자루만 꽉 움켜쥐었다. 부소는 심장이 졸아드는 것 같았다. 위창이 칼을 빼어 들었다. 옆 산비탈에서

고구려 군사 몇이 더 나타났다. 근처를 정탐 중이던 군사들이 휘파람 소리를 듣고 급히 달려온 모양이었다. 순식간에 부소네 군사들은 고구려 군사들에게 둘러싸이고 말았다.

대장으로 보이는 고구려 군사가 칼을 겨누며 물었다.

"뭐야, 곡괭이 아냐? 뭐 하러 온 거지?"

위창이 입술을 꽉 다물고 노려보자 그 고구려 군사가 다른 군사들에게 눈짓을 했다.

고구려군은 둘이서 신라군 하나씩을 맡아 칼을 겨누었다. 칼을 빼 들고 있던 위창에게는 고구려 군사 넷이 한꺼번에 칼을 겨누었다. 어쩔 수가 없었다. 위창이 먼저 칼을 버렸고 이어서 다들 칼과 곡괭이를 바닥에 내려놓았다.

"함정을 팠겠군. 어디냐?"

고구려군이 다그쳤다.

신라 군사들은 겁에 질린 채 서로를 돌아보았다. 아무 대답이 없자 고구려 군사 하나가 칼을 휘둘렀다. 부척 아저씨가 팔에 칼을 맞고 비명을 질렀다. 피가 옷을 적셨다. 석출이 그걸 보고 으으으, 몸서리를 쳤다. 고구려 군사 하나가 위창의 얼굴에 칼을 갖다 댔다.

"네가 대장인 모양이군. 어디다 함정을 팠지?"

위창이 머뭇대자 이내 위창의 뺨에서도 피가 살짝 배어 나왔다. 말하지 않으면 벨 기세였다. 고구려 군사가 칼을 쳐들어 위창의 목을 겨누었다. 위창이 사색이 되었다. 부소가 자기도 모르게 소리쳤다.

"저, 저기 저 위쪽입니다."

부소는 자기가 말해 놓고도 놀라서 얼어붙었다. 고구려 군사가 부소를 일으켜 세웠다. 부소는 다리가 후들거려 발을 뗄 수가 없었다. 고구려 군사가 부소 어깨를 거칠게 밀었다. 부소는 엎어지며 꿇어앉아 있는 동료들과 눈이 마주쳤다. 다들 부소의 눈을 피했다.

부소는 고구려군 세 명에게 끌려 조금 전에 함정을 판 장소로 갔다. 함정 판 자리를 가리키는 부소의 손이 떨렸다. 이건 신라에 대한 배신인가? 하지만 고구려군의 칼에 동료들이 고스란히 죽을 판이었다. 지금도 칼끝이 부소의 목을 겨누고 있었다. 부소는 마음을 굳게 먹었다. 어떡하든 이 위기를 넘기고 목숨을 지켜 어머니에게 돌아가야 했다.

고구려군은 함정을 칼로 헤적거렸다. 이리저리 덮인 나뭇가지를 걷어 내자 깊고 커다란 구덩이가 드러났다. 구덩이에는 날카로운 대창이 듬성듬성 세워져 있었다. 부소는 찡그리며 고개를 돌렸다. 부소는 한쪽 숲길 것 열 개만 차례대로 짚어 주었다.

"많이도 팠네. 끝이야?"

부소는 겨우 고개를 끄덕여 그렇다고 했다. 워낙 얼어 있어서 그런지 고구려군은 의심하는 것 같지 않았다.

"더 나오면 너는 바로 죽어. 자, 너희들은 이 근처를 더 수색해."

고구려군 대장과 군사 둘만 남고 나머지 군사들은 흩어졌다.

부소는 고구려군 진영으로 끌려갔다. 부소가 던져진 옥에는 부소네 부대 군사들이 모두 잡혀 와 있었다. 다들 얼굴이며 입술이 터져 있었다. 부척 아저씨는 옷을 찢어 싸맨 상처를 끌어안은 채 끙끙 앓고 있었다. 부소는 한쪽 구석에 박혀서 고개를 들지 못했다.

"배신자. 다 가르쳐 줬어?"

위창이 비웃었다. 하지만 어색한 표정이었다. 부소 덕분에 자신이 베이지 않았다는 것에 자존심이 몹시 상해 있었다. 부소는 바깥 눈치를 보며 고개를 흔들었다. 다들 알고 있어야 입을 맞출 수 있을 것이었다. 부소가 낮게 말했다.

"한쪽 숲길 것만."

"겁쟁이가 머리 좀 썼네."

부소는 위창의 비아냥이 가당찮다고 생각했다.

"안 그러면 다 죽었을 거잖아."

너부터 죽었을 거라고. 부소는 이 말까지는 삼켰다. 위창은 얼굴이 벌게져서 한껏 노려보고는 내뱉듯이 말했다.

"어리석기는. 그러면, 이제 안 죽을 것 같아?"

"우리를 죽일까?"

석출이 피가 엉겨 있는 입술을 어눌하게 움직이며 말했다.

"시끄러. 나중에 써먹을 데가 있으니까 안 죽이고 잡아 온 거지."

위창이 신경질적으로 말했다. 아까 잔뜩 겁에 질렸던 모습에서 벗어나 다시 지휘자가 되어 있었다. 부소가 석출에게 낮은 소리로 물었다.

"매 맞았어?"

"신라군 작전이 뭐냐고 하면서……. 아는 게 있어야 말을 하지."

석출이 말했다.

"알면 말하려고 했어?"

위창이 눈을 부라렸다. 석출이 기죽은 얼굴로 고개 숙이는 데도 위창은 화풀이하듯 몰아세웠다.

"왜, 두어 대 맞고 나서 불화살 만들었다고 실토한 거는 말 안 해?"

"그거야 흔히 하는 거잖아. 말한다고 뭐…….."

석출이 변명하려는데 위창이 말을 잘랐다.

"으이그, 오합지졸들하고 전쟁을 하자니, 원."

다음 날 아침, 전투가 벌어졌는지 멀리서 시끄러운 소리가 들렸다. 다들 긴장하여 밖에 귀를 기울였다. 하루 종일 전투가 계속되었다. 신라군이 고구려군을 칠중하 밖으로 밀어내지도 못하고 고구려군이 칠중성 안으로 밀고 들어가지도 못한 듯했다. 어둑해지고도 바깥은 계속 부산스러웠다.

위창이 밖을 살피며 말했다.

"공략이 쉽지 않은 모양이다. 탈출해야 해."

"저렇게 지키고 있는데 어떻게?"

부소가 놀라 윗몸을 일으켰다. 석출이 잔뜩 겁을 먹고 말까지 더듬었다.

"여긴 고, 고구려 진영이야. 사방이 고구려 군사인데 잡혀 주, 죽을 거야."

위창은 딱하다는 듯 찡그렸다.

"그러니까 기회를 봐야지. 더 내놓을 정보가 없는데 뭐하러 우리를 살려 두겠어? 결국은 죽일 거라고."

죽일 거라는 말에 신라군 몇이 위창을 따라나서겠다고 했다. 부소는 선뜻 대답하지 않았다. 도망치다 십중팔구 죽을 것 같았다. 위창이 부소를 보며 이죽거렸다.

"하기야, 너는 고구려군에 공을 세웠으니 죽이지는 않을 거야."

부소는 억울한 생각이 들었다.

"안 그랬으면 그때……."

"이참에 아예 고구려 군사가 되지그래?"

위창이 얼른 부소 말을 잘랐다. 고구려 군사가 위창을 벨 태세여서 그랬다는 말이 나올까 봐 선수를 치는 게 눈에 훤히 보였다.

칠중성 전투 • 115

자신이 칼을 버렸다는 건 아예 생각도 하고 싶지 않을 터였다. 부소는 그냥 입을 다물었다. 어쨌든 함정을 가르쳐 준 건 부소였고, 지휘권을 가진 위창에게 대드는 꼴밖에 안 되는 일이었다.

# 배신자라고?

 밤이 되자 잠잠해지는가 싶더니 다음 날 동이 틀 무렵부터 다시 소란스러웠다. 다들 뒤로 팔이 묶인 채 불안에 떨었다. 시간이 흐를수록 함성과 비명 소리가 커졌다. 고구려 진영 가까이까지 신라군이 온 모양이었다. 고구려 군사들이 다급하게 옥문을 열었다.
 "다 나와!"
 고구려 군사 한 무리가 부소네 부대 군사들을 앞장세워 막사 뒤쪽 숲으로 데려갔다. 부소네가 함정을 판 쪽이었다. 고구려군이 도주하는 게 분명했다.
 위창의 눈이 반짝였다. 탈출의 기회를 엿보는 것이었다. 사실

지금이 아니면 기회가 없었다. 부소도 주변을 살폈다. 부소를 잡고 있던 고구려군이 부소의 등을 떠밀었다. 몇 걸음 끌려가는데 갑자기 소란이 일었다. 돌아보니 위창과 신라 군사 몇이 팔이 묶인 채 내달리고 있었다. 부소를 붙잡고 있던 고구려 군사가 부소를 다잡아 끌었다.

부소는 꼼짝할 수가 없었다. 화살이 날아갔다. 신라군 둘이 쓰러졌다. 몇몇 신라 군사가 뛰어가는 게 보였다. 고구려군은 탈출이 급했는지 도망치는 신라군을 추격하는 대신 급히 숲길로 뛰어들었다. 부소를 잡고 있던 군사가 부소 등을 휙 떠밀었다.

"빨리빨리!"

부소는 두 팔을 뒤로 붙잡힌 채 끌려갔다. 돌아보니 석출과 팔을 다친 부척 아저씨만 보였다. 나머지는 아까 탈출했거나 죽었을 것이다. 둘 다 눈빛이 공포로 흔들리고 있었다. 무섭기는 부소도 마찬가지였다.

열댓 명의 고구려 군사들이 칼을 들이대며 부소네를 몰아세웠다.

"함정이 없는 길로 안내해라."

고구려 장수가 눈을 부라리며 위협했다. 지금까지 신라군을 살려 둔 이유가 거기 있었다. 함정을 다 없앴다는 확신이 없었던 것이다.

부소는 할 수 없이 함정을 피해 길을 잡았다. 멀지 않은 곳에서 함성 소리가 들렸다. 얼마 안 가 함정이 있는 곳을 벗어났지만 부소와 석출은 내색하지 않았다. 함정의 위험이 없겠다 싶으면 죽일 게 뻔했다. 부척 아저씨는 부상으로 열이 나는지 이따금 신음 소리를 냈다.

갑자기 화살이 날아왔다. 산비탈 쪽에서 신라군의 추격이 시작되었다. 석출과 부척 아저씨의 눈이 바쁘게 움직였다. 부소도 상황을 살폈다. 고구려군이 쫓기는 틈을 타서 결사적으로 도망쳐야 했다.

"으윽!"

고구려 군사 몇이 화살을 맞고 쓰러졌다. 고구려 군사들은 화살이 날아오는 쪽으로 부소네를 밀어냈다. 부척 아저씨가 화살을 맞고 쓰러졌다.

"아저씨!"

부척 아저씨는 엎어진 채 몇 번 꿈틀거리더니 더 이상 움직이지 않았다. 고구려군은 부소와 석출을 방패 삼은 채 뒤로 물러나기 시작했다. 석출이 부소에게 눈짓했다. 그러고는 부소가 뭐라 반응할 새도 없이 고구려 군사를 몸으로 홱 밀치고 신라군이 있는 쪽을 향해 뛰어나갔다. 그 순간, 화살이 날아와 석출의 가슴을 뚫었다. 석출은 비명을 지르며 쓰러졌다. 신라군이 쏜 화살이었다.

"석출!"

부소가 비명을 지르며 석출이 쓰러진 쪽으로 몸을 내밀었다. 그 순간 부소를 붙잡고 있던 고구려 군사 둘이 화살을 맞았다. 부소는 쓰러지는 군사에 밀려 넘어지며 밑에 깔렸다.

부소는 일어나려다 말고 죽은 듯이 꼼짝하지 않았다. 석출과 부척 아저씨가 신라군 화살에 죽은 참이었다. 석출이 흘린 피가 부소 쪽으로 흘러오고 있었다. 부소는 이를 앙다물고 눈을 질끈 감았다.

고구려군은 미처 부소의 생사를 살필 새도 없이 도망쳤다. 뒤이어 이들을 추격하는 신라군이 후다닥 지나갔다. 발소리가 멀어지자 부소는 위에 있는 고구려 군사를 힘겹게 밀쳐 내고 재빨리 큰 바위 뒤로 기어가서 숨었다.

주변이 잠잠해졌다. 아마 시간이 지나면 신라군이든 고구려군이든 상황을 정리하러 되돌아올 것이다. 부소는 그때까지 꼼짝 않고 있기로 했다. 섣불리 움직이면 위험할 것 같았다.
　한참을 지나도 아무도 되돌아오지 않았다. 부소는 조심조심 일어났다. 팔을 묶은 끈을 바위에 계속 문질러서 풀었다. 부소는 바위와 나무에 몸을 숨겨 가며 산길을 더듬었다. 저만치 며칠간 부소가 잡혀 있던 고구려 진영이 보였다. 막사에는 신라군 깃발이 펄럭였다.
　'이제 살았다!'
　부소는 가슴을 짓누르던 두려움을 벗어던지고 환히 웃었다. 그때 오른쪽에서 말소리가 났다. 화들짝하며 돌아보았더니 나무

사이에서 신라군 둘이 등을 보인 채 오줌을 누고 있었다.

"투항한 자가 있어서 함정이 미리 다 들추어졌다며?"

"그러게. 안 그랬으면 고구려 놈들을 몰살시켰을 텐데."

"투항한 자는 다른 군사들이 탈출할 때도 고구려군에 남았다지."

"그런 배신자는 언제고 꼭 잡아서 처형을 시킬걸."

부소는 자기도 모르게 몸을 숨겼다. 배신자, 부소는 자신이 배신자로 불리는 것에 경악했다. 어느새 부소는 신라군에 돌아갈 수가 없는 몸이 되어 있었다. 돌아가기는커녕 오히려 신라군을 피해 다녀야 할 처지가 되었다. 이게 어찌 된 일인가?

위창과 동료 몇이 탈출에 성공했을 확률이 높았다. 신라군이 고구려 진영 안까지 밀고 들어오던 때에 탈출했으니, 다행히 화살을 피한 동료들은 신라군에 바로 합류했을 것이었다. 그들이 부소가 투항해 함정 장소를 가르쳐 준 것으로 보고한 모양이었다. 함정이 미리 들추어진 데 대한 책임을 면하기 위해서라도 부소에게 죄를 몰아붙였을 것이다. 위창이 부소를 향해 이죽거리던 게 떠올랐다.

"하기야, 너는 고구려군에 공을 세웠으니 죽이지는 않을 거야."

부소는 아찔했다.

'어찌하면 좋은가?'

눈물이 솟구쳤다. 억울했다. 부소야말로 꼼짝할 수 없는 함정에 빠진 꼴이었다. 투항을 한 것도, 고구려군에 함정 판 곳을 가르쳐 준 것도 부인할 수 없는 사실이었다.

'신라군들이 죽을 위기라 어쩔 수 없었다고 말하면 되지 않을까?'

변명이 통하면 다행이지만 만약 통하지 않으면 그대로 죽음이었다. 부소는 한참 동안 멍한 채 있다가 퍼뜩 춘추공을 떠올렸다.

'혹시 춘추공이 도와주지 않을까?'

하지만 부소는 곧 고개를 저었다.

부소의 소식을 누가 춘추공에게 전해 줄 것이며 전달된다고 해도 연락이 오기 전에 부소는 처형당할 것이다.

신라는 잦은 전쟁으로 인한 백성들의 원망을 감수하면서까지 공격적인 전쟁을 치르고 있는 중이었다. 그런데 이런 심각한 전시 중에 춘추공이 사사로운 일로 군율을 흩뜨리고 자신의 지휘권 밖에 있는 부소를 구해 줄 리가 없었다. 구해 주기는커녕 몹시 진노할 것이다.

부소는 칼 앞에 꼼짝 못했던 자신이 부끄러웠다. 그러면서 한편 화가 났다. 내가 어쩌다 이 지경이 되었나?

"어머니, 어머니!"

부소는 울었다. 어찌해야 할지 알 수가 없었다. 일단 지금은 신라군에게 발각되면 안 된다는 생각이 들었다. 중성산 쪽으로는 온통 신라군이 있을 터이니 부소가 빠져나갈 길은 없을 것이다. 신라군은 이미 석출과 부척 아저씨의 시신을 발견하고 부소의 시신이 없다는 걸 알게 되었을 것이다.

부소는 조심스럽게 숲을 벗어나 칠중성이 있는 중성산과 먼 쪽으로 길을 잡았다. 비탈을 지나 한참 가니 다시 산이 나왔다. 산속으로 들어갔다. 꽤 큰 산이었다.

해가 기울면서 추워졌다. 부소는 동굴이나 화전민 집이라도 있을지 모른다 생각하며 산속으로 파고 들어갔다.

한참 오르자 비어 있는 움막 하나가 있었다. 안으로 들어가 보니 다행히 덮을 만한 누더기가 있었다. 구석에 쪼그리고 앉아 누더기를 덮고 있으니 처량하기 짝이 없었다. 불안과 두려움에 떨면서도 시간이 지나자 차츰 배가 고파 왔다. 움막에 먹을 거라곤 곡식 한 톨도 없었다. 부소는 주린 배를 움켜쥐고 이리저리 뒤척이다가 어느새 깊은 잠에 빠져들었다.

부소는 움막 근처에서 산밤을 주워 먹으며 닷새 정도 숨어 지냈다. 그동안 움막 주인은 한 번도 오지 않았다. 처음엔 올까 봐 걱정이더니 며칠이 지나자 왜 안 오나 하고 기다리게 되었다. 혹시 움막 주인이 먹을 거라도 가져온다면 얼마나 좋을까 하며 아래쪽을 기웃거렸다. 무슨 소리만 나도 얼른 밖을 내다보았다. 하지만 아무래도 움막 주인은 이곳을 버리고 떠난 성싶었다. 어쩌면 근처에 전쟁이 벌어져 피한 건지도 몰랐다.

부소는 더 이상 움막에 머물기 어렵다는 판단이 섰다. 날이 갈

수록 추워지는 데다 굶주림 때문에 더 견딜 수가 없었다. 부소는 군사들이 있는 칠중성 반대 방향으로 길을 잡아 산을 내려왔다. 한참 내려오니 산간 마을이 보였다. 마을이라야 겨우 세 집, 화전민 집 같았다.

부소가 그중 한 집으로 다가가 기척을 냈다. 거적문을 열고 한 아주머니가 나왔다. 아주머니는 부소 차림새를 보고 의심쩍은 눈길을 보냈다. 그래도 먹을 것을 찾는 부소에게 혀를 차며 찬밥 한 덩이를 주었다. 부소는 요깃거리를 얻어먹고 밤을 타서 남쪽으로 내려갔다.

부소는 누가 의심하여 고발이라도 할까 봐 한곳에 오래 머물지 못하고 여기저기 떠돌아다녔다. 빈 헛간이나 담벼락에서 잠을 청할 때마다 고타소와 어머니가 그리웠다.

어느 날, 부소는 장터에서 고구려와의 전쟁이 일단 끝났다는 소식을 들었다. 그러면 서라벌에서 징집됐던 군사들은 이미 돌아갔을 것이다.

'내가 돌아가지 않아 어머니가 얼마나 놀라셨을까?'

어머니는 부소가 고구려 군사가 되었거나 죽었다고 전해 들었을 것이다. 그러자 한시가 급했다.

부소는 서라벌로 가기로 했다. 신라군에는 부소가 죽은 걸로 되어 있는 게 더 나았지만 어머니에게는 그래서는 안 되는 일이었다. 부소가 살아 있다는 것을 보여 주어야 했다. 게다가 언제까지고 이렇게 살 수도 없는 일이라 어머니와 의논도 해야 했다.

해 질 무렵 도착한 서라벌은 겨울빛이 든 것 외에는 여전했다. 형산강에 흐르는 물도 예전처럼 풍성하고 조용했다. 추수를 끝낸 휑한 들판을 보니 부소는 마음이 울컥했다. 이제 이곳을 다시는 마음 편히 걸어 다닐 수 없을지도 몰랐다.

산자락에서 밤이 깊어지기를 기다렸다가 부소는 마을로 숨어 들어갔다.

집 근처 골목을 돌자 눈물이 핑 돌았다. 얼마나 그리웠던 곳인가? 하지만 부소는 감상에 젖을 형편이 못 되었다. 아픈 사람처럼 수건을 코 위까지 둘렀지만 혹시 누가 지나가다가 알아볼까 봐 조마조마했다. 그믐이라 달빛이 없는 게 다행이었다.

부소는 손때 묻은 사립문을 살그머니 밀고 마당으로 들어섰다. 발끝에 닿는 흙도 반가워 부소는 코끝이 찡했다. 방엔 불이 꺼져 있었다. 부소는 벽에 몸을 바짝 붙이고 섰다. 골목에 누가 지나가는지 살피며 방문을 톡톡 두드렸다. 안에서 곧바로 기척이 들렸다. 문을 밀었더니 그대로 열렸다. 문고리를 걸지 않은 적이 없던 어머니였다.

"어머니."

자다 깬 어머니는 소리도 못 내고 울었다. 부소는 어머니를 껴

안았다.

"그래, 살아 있을 줄 알았다. 누가 뭐라고 해도 나는 믿지 않았다. 언제라도 올 줄 알았다."

"예, 어머니. 어머니를 두고 죽을 수가 없었어요."

"아무렴, 잘했다. 잘하고말고."

어머니는 이불로 부소를 덮어씌우고는 부엌으로 나가 뭔가를 들고 왔다.

"낮에 공방에서 떡을 했다. 혹시나 해서 남겨 놓았더니 정말로 네가 왔구나."

부소는 허겁지겁 떡을 먹었다. 어머니가 일어섰다.

"우선 먹고 있어라. 얼른 더운밥을 해 주마."

"아니에요, 어머니. 밤에 불을 때면 혹시 누가 의심할지도 몰라요. 곧 경비병들이 순찰을 돌 텐데요. 그냥 찬밥 있으면 주세요."

어머니는 고개를 끄덕이고는 밥상을 차려 왔다. 찬밥이라도 집 밥은 달고 맛있었다. 부소는 어머니를 보자 마음이 놓이면서도 서러웠다. 이게 무슨 꼴인가 싶었다.

"내일 춘추공께 가자. 가서 용서를 청하면 목숨만은 살려 주시지 않겠느냐?"

"안 돼요, 어머니. 춘추공도 어쩔 수 없으실 거예요."

어머니도 우기지는 못했다. 목숨을 보장할 수 없는 일이라는 걸 아는 까닭이었다. 신라의 군율이 얼마나 엄격한지 어머니도 잘 알고 있었다.

부소는 고타소 소식을 물어보나 어쩌나 망설였다. 어머니가 부소의 마음을 알아채고 먼저 말했다.

"네가 돌아오지 않은 것을 알고 고타소 아가씨가 와서 한참 울다 갔다."

부소는 가슴이 미어지는 것 같았다.

"법민 공자님도 왔다 갔다. 다들 걱정을……."

"……."

"아가씨는 혼인날을 잡았다, 내년 봄에."

부소는 고개를 푹 떨어뜨렸다.

'그렇구나, 내년 봄에…….'

그런데도 부소는 고타소를 한번 만나 볼 수도 없었다. 먼발치서 바라볼 엄두도 나지 않았다.

부소는 며칠 동안 종일 방 안에서 꼼짝 않고 있으면서 어머니가 해 준 밥을 먹다 자다 했다. 숨어 떠돌 때보다 가슴이 더 답답했다. 이웃의 눈이 있어 집에 더 머물 수도 없었다. 부소는 떠나기로 결심했다.

"조금만 기다려 주세요. 어떡하든 방도를 마련해 볼게요. 어머니, 아프지만 마세요."

"됐다. 살아 있다는 걸 알았으니 나는 됐다. 부디 몸조심하고 잘 견뎌라. 나도 방법을 생각해 보마."

어머니는 빨아 둔 새 옷을 꺼내 놓았다. 두툼한 겨울옷이었다. 부소는 새벽이 오기 전에 어머니가 싸 준 주먹밥을 품에 안고 집을 떠났다. 형산강을 건너며 서라벌을 돌아보았다. 어머니의 소리 죽인 울음이 들리는 것 같아 가슴이 미어졌다.

부소는 몇 달간 여기저기 떠돌다가 소백산 산골에 자리를 잡았다. 땅꾼과 약초꾼들이 주로 사는 곳이었다.
"땅꾼이나 약초꾼 치고 사연 없는 놈 없다지만 너처럼 어린 나이에 산으로 들어온 경우는 못 봤다."
검은 수염이 덥수룩한 약초꾼 아저씨는 부소가 무슨 사연을 가졌는지 전혀 관심 없다는 투였다. 그건 캐묻지 않을 테니 걱정 말라는 의미였다.
"약초 싸 들고 튀었다가는 뼈도 못 추릴 줄 알아라."
아저씨는 흙이 배어 거무튀튀한 손으로 능숙하게 넝쿨을 헤치고 약초를 찾아냈다. 부소는 산막에 머물며 약방에 대어 줄 약초를 캤다. 양털에 쓸 염료를 따느라 산을 헤집고 다닌 적이 많아 약초 캐는 일이 낯설거나 어렵지 않았다. 산막은 잠시 몸 붙여 있기에 꽤 괜찮은 곳이었다. 부소는 떠돌지 않아도 된다는 생각에 마음이 놓였다.
부소는 약초 산막에 일 년 넘어 머물러 있었다. 굳이 갈 데가 있는 것도 아니었고 사람들 발걸음도 거의 없는 곳이라 안전했다. 그렇게 있다 보니 경계심도 없어지고 해서 가끔 장터의 약방에 약초 갖다 주는 심부름도 하곤 했다. 그런 일을 너무 마다하는 것도 의심을 살 일이고, 은근히 세상 돌아가는 일이 궁금하기도 했다. 서라벌 장터만은 못해도 명색이 장터라 이것저것 볼 것도 많았다.

어느 날, 부소는 장터 어귀에서 말을 타고 지나가는 화랑 무리를 보았다. 좋은 말에다 멀리서 봐도 다들 귀티가 흐르는 게 서라벌에서 온 화랑들 같았다.

부소는 얼른 샛길로 빠졌다. 걸음이 절로 빨라졌다. 어디서건 군사들을 보면 부소는 가슴이 철렁했다. 화랑을 봐도 그랬다. 골목이 보이자 무조건 꺾어 들었다. 두려움 때문인지 누가 따라오는 것 같았다. 골목을 한 번 더 꺾는데 정말로 천천히 걷는 말발굽 소리가 들렸다. 이런 골목까지 말을 타고 들어올 사람은 없었다. 부소를 따라오는 게 분명했다. 부소는 속이 졸아들면서도 짐짓 태연한 척 망태기를 고쳐 메며 바삐 걸었다. 막다른 골목이 나왔다. 부소는 아뿔싸, 하며 사색이 되었다.

그런데 뜻밖에 말발굽 소리가 멈추더니 잠시 후 멀어져 갔다. 살그머니 돌아보니 아무도 없었다. 부소는 휘어진 담장 끝으로 나와 살짝 고개를 내밀어 보았다. 화랑 하나가 골목을 돌아 나가고 있었다. 부소는 몸이 얼어붙었다. 뒷모습이 법민 같았다.

'그럴 리가 없어.'

부소는 망설이다가 뒤쫓아 나가 보았다. 화랑은 어느새 꽤 멀어져 있었다. 부소는 한참 더 골목에 있다가 나왔다. 화랑들이 멀리 들판을 질러가고 있었다.

부소는 약방에 약초를 넘겨주면서 넌지시 물어보았다.

"군사 한 무리가 지나가는 것 같던데요."

"군사가 아니고 서라벌 화랑들이라지?"

약방 영감은 약초를 저울에 달면서 대답했다.

"수련을 하고 돌아가는 참이라던데요? 서라벌 사람들이라 그런지 때깔도 좋고 얼굴도 진짜 잘생겼더구먼요."

일하는 아이가 화랑들을 구경하고 왔다며 말했다. 화랑들은 장터에서 점심을 먹고 장을 휘 둘러보고 갔다고 했다.

'정말 법민이었을까? 그렇다면 왜 더 따라오지 않았을까?'

부소는 산막으로 돌아오며 내내 생각에 잠겼다.

'아닐 거야. 화랑들 옷차림이야 다 비슷한데, 뭐.'

서라벌에 화랑의 무리는 여럿이었다. 법민이 들어 있는 화랑이 아닐 수도 있었다. 하지만 그렇게 뒤쫓아 왔다면 법민일 가능성이 높았다. 다른 화랑이 부소를 알 리가 없었다.

법민은 어려서부터 춘추공의 각별한 가르침을 받고 자라서 군율의 엄격함을 잘 알았다. 그런 법민이 부소를 보고서도 맞닥뜨려 확인하지 않은 채 돌아간 것이라면, 그냥 죽은 걸로 알고 있겠다는 걸까?

나이에 비해 사려 깊은 성품을 가진 법민이었다. 부소는 가슴이 아팠다. 어린 날의 기억들이 온통 부소의 가슴을 헤집었다.

법민일지 모르는 화랑을 본 뒤로 부소는 종일 일이 손에 잡히지 않았다. 고타소에 대한 그리움과 어머니에 대한 걱정까지 밀려와 부소는 밤새 잠을 이루지 못했다.

부소는 산막에서 떠나기로 했다. 벌써 일 년 넘어 머물렀으니 인근 마을이나 장터 쪽에도 부소의 존재가 알려진 상황이었다. 더 있으면 관청에서도 이곳에 새로 자리 잡은 청년에 대해 징집이나 부역 등을 위해 신원을 확인하려 할 것이었다.

'어쩌면 법민 공자님이 해답을 들고 올지도……'

부소는 터무니없는 생각이 얼핏 들었다. 하지만 그건 기대일 뿐 가능성은 없었다. 그 화랑이 꼭 법민이라고 할 수도 없었다. 맞다고 해도 부소의 존재는 법민에게 갈등만 안겨 줄 것이다. 몸을 피하는 게 도리였다.

부소는 몹시 서글펐지만 마음을 다잡았다. 장터에서 듣자니 단양에 모전 공방이 있다고 했다. 그리로 갈 생각이었다.

물어물어 찾아간 단양의 모전 공방은 부소가 머물러 있기에 썩 괜찮았다. 무엇보다 모전 일을 한다는 게 좋았다. 가능하면 오래 있으면서 모전 일도 배우고 싶었다. 부소는 말없이 열심히 일했다. 기술자들로부터 신임도 얻었다.

그렇게 머문 게 일 년을 훌쩍 넘긴 어느 날, 뜻하지 않게 춘추공을 만났다. 그리고 고타소가 죽었다는 소식을 들었다.

부소는 옷깃을 여미며 서라벌을 향해 걸음을 재촉했다.

# 무덤을 지키는 새

'고타소, 고타소!'

부소는 고타소의 이름만 수없이 되뇌며 걷고 또 걸었다. 점심도 거른 채 종일 걷다가 날이 어둑해질 즈음에야 국밥집에 들어갔다. 국밥을 시켜 놓고 평상에 앉았는데 옆에서 장꾼 같아 보이는 사람들이 술잔을 기울이며 떠들었다.

"대야성 도독 품석이란 자가 갑옷도 입지 않은 채 술 마시고 있다가 백제 놈들의 공격을 받았다면서? 쳐 죽일 놈! 제가 춘추공 사위면 사위답게 처신을 할 것이지 그게 뭐야?"

품석이란 말에 부소는 귀를 바짝 기울였다.

"그러게. 게다가 행실도 어지간히 방종했던 모양이야. 부하의 아내를 빼앗았다니 말일세."

"원 참, 기가 막혀서. 아내를 빼앗겨 원한을 품은 자가 백제군과 내통해 군량 창고에 불을 질렀다잖아. 성안이 온통 불길에 휩싸였으니 사람들이 우왕좌왕 난리도 아니었겠지. 그러니 어떻게 성을 지켰겠나?"

"아이고, 나라도 그런 일을 당했으면 불을 확 싸질렀겠다."

"예끼, 그렇다고 적과 내통해서 일을 이 지경으로 만드나?"

부소는 분노로 숨도 제대로 쉴 수가 없었다. 품석이 부하의 아내를 빼앗았다니 어이가 없었다. 혼인한 지 삼 년도 채 되지 않았다. 어지간히 당차고 명랑한 고타소지만 얼마나 참담했을까? 고타소의 해맑은 얼굴이 떠올랐다.

'품석, 그 죽일 놈이, 그 죽일 놈이……'

"그래도 저는 살겠다고 항복을 했다지?"

사람들의 분노가 품석에게로 쏟아져 비난 여론이 물 끓듯 했을 것이다. 그 화살은 은연중에 품석의 장인인 춘추공에게로 날아갔을 게 뻔했다. 춘추공이 왕족이 아니라면, 그리고 품석이 사위가 아니라 아들이라면 춘추공에게 죄를 물을 수도 있는 중대한 문제였다.

"백제 놈들도 어지간하네. 품석은 그렇다 치고 춘추공 따님의 목까지 벨 건 뭔가? 부부의 목을 베어 사비성으로 보내서 신라군은 목 없는 시신만 거두었다잖아. 기가 막히잖나?"

목이라니? 부소는 숨이 턱 막혔다.

'고타소의 목이 잘리다니, 이게 무슨 소리야?'

부소는 심장이 둘로 쪼개진 듯, 손가락 하나도 꼼짝할 수 없었다.

"손님, 국밥 다 식겠소. 안 먹고 뭐하시오?"

아주머니 말소리가 어렴풋이 들렸다. 부소는 멀뚱히 국밥을 바라보았다.

"손님!"

아주머니가 다시 소리쳤다. 갑자기 정신이 들었다. 부소가 돌아보며 물었다.

"목 없는 시신이라니. 그, 그게 무슨 소립니까?

술잔을 기울이던 사내들이 부소를 돌아보았다.

"젊은이는 귀도 없나? 온 나라에 소문이 파다한 걸 가지고."

"춘추공 따님이 목 없는 시신으로 돌아왔다지 않는가?"

"으으으!"

부소가 신음을 흘리며 몸을 떨었다.

"으흐흐흐!"

이런 기막힌 일이 어디 있단 말인가? 고타소가, 고타소가 목이 잘려 죽임을 당하다니, 적의 화살에 맞은 것도 아니고……. 어떻게 이런 어처구니없는 일이 일어날 수가 있는가?

신음이 차츰 통곡이 되었다. 부소는 소리 내어 울음을 토해 냈다. 보다 못한 아주머니가 부소를 부축하여 방으로 데리고 들어갔다. 부소는 방바닥에 철퍼덕 주저앉았다.

사람들은 계속 떠들고 있었다.

"김유신 장군에게 대야성을 맡겼더라면 그렇게 허망하게 무너지지는 않았을 거야."

"그럼, 그러니 춘추공의 후회가 얼마나 크겠어? 참, 그 소문 들었는가? 춘추공이 고구려로 가셨다는 소문 말일세."

"나도 들었네. 고구려는 백제와 손을 잡고 있으니 신라에게는 적국이나 마찬가지 아닌가? 그래서 귀족들은 물론이고 선덕 여왕조차도 춘추공이 고구려로 가는 것을 말렸다던데."

"위험하지. 고구려는 이제 막 연개소문이 왕을 갈아 치우는 정변을 치른 참이라 어수선하다잖나."

연개소문은 왕도 마음대로 갈아 치울 만큼 막강한 사람이라고 했다. 얼마 전에 영류왕을 죽이고 보장왕을 세운 후 스스로 최고 권력자인 대막리지에 올랐다고 했다.

"그런 곳에 가야 하는 춘추공 마음이 어디 마음이겠어?"

사람들은 제법 심각하게 나라 걱정을 하고 있었다. 하지만 그 모든 이야기는 그저 바람처럼 부소의 귓가에 흘렀다. 부소는 눈물이 흐르는 대로 그냥 두었다.

밤낮 없이 걸어 나흘 만에 도착한 서라벌의 밤은 전에 없이 쓸쓸하고 쌀쌀했다. 나뭇잎 없이 앙상한 나무들이 차가운 달빛을 받으며 을씨년스럽게 서 있었다. 삼 년 만에 다시 나타난 부소를 보고 어머니는 와락 반기면서도 걱정스런 얼굴이었다.

"어머니, 고타소 아가씨가……."

부소는 말을 끝내지 못하고 어머니 얼굴을 살폈다. 어머니는 부소를 가만히 안았다.

"그 소식을 듣고 왔느냐? 그래, 그 고운 아가씨가 그런 참혹한 일을 당할 줄은……."

어머니는 말을 잇지 못했다. 부소는 맥이 탁 풀려 주저앉았다. 그래도 혹시나, 혹시나 했다. 어머니 말까지 듣고 보니 더 이상 잘못 들었으니 과장된 소문이니, 할 여지가 없었다. 부소는 방바닥을 짚고 고개를 떨어뜨린 채 한참 동안 꼼짝 않고 있었다. 방바닥으로 눈물이 툭툭 떨어졌다. 어머니가 보고 있어도 어쩔 수가 없었다.

어머니가 밥상을 차려 왔다. 부소는 고개를 흔들었다. 전혀 먹고 싶지 않았다. 어머니가 걱정스레 부소를 바라보다가 상을 뒤로 물렸다.

"부소야, 전쟁이란 이리 험하구나. 고귀한 왕족도 비껴갈 수 없는 험악한 일이로구나. 아가씨는 네가 살아 있다는 것도 모르고 돌아가셨다. 너 때문에 많이 슬퍼하셨는데, 그때 말씀드릴 것을."

어머니는 눈물을 훔치고 나서 부소 손을 꼭 잡았다.

"단양에서 춘추공을 만났어요."

"뭐라고? 정말이냐?"

어머니는 화들짝하며 부소에게 다가앉았다.

"춘추공께 고타소 이야기를 들었어요."

"너한테는 뭐라시던?"

"고구려에서 돌아올 때까지 기다리라고만 하셨어요."

부소는 춘추공 만난 이야기를 간단하게 했다.

"바로 잡아가라 하지 않으신 것만도 고맙구나. 혹시……."

어머니가 부소를 보며 말끝을 흐렸다. 기대에 찬 눈빛이었다. 부소는 고개를 저었다.

"그래, 그냥 받아 줄 수는 없는 일이지."

어머니가 한숨을 푹 쉬었다.

"고타소 아가씨가 대야성으로 떠나고 난 뒤였던가, 한번은 법민 공자님이 내게 와서 그러셨지. 네가 살아 있을지도 모른다고, 기다려 보라고. 뜨끔하기도 하고, 그 마음이 고맙기도 해서 네 말을 할까 하다가 혹시 몰라서 참았다."

부소는 소백산 근처 장터에서 뒤를 쫓아오던 화랑, 어쩌면 법민이었을지도 모르는 그 화랑을 잠시 떠올렸다. 어머니가 지나치게 희망을 걸까 봐 그 말은 접어 두기로 했다.

부소는 자리에 누웠다. 너무 힘들어서 아무 생각도 하고 싶지 않았다. 잠이 들고 싶었다. 그러면 모든 기억에서 떠날 수 있을 것 같았다. 온몸이 아팠다. 살이고 뼈고 할 것 없이 아팠다. 부소는 이불을 뒤집어썼다.

정말 잠이 들었던가 보았다. 눈을 떴을 때는 캄캄했다. 부소가 일어나는 기척에 한쪽 구석에서 어머니가 불을 밝혔다. 어머니가 밥상을 당겨 부소 앞에 놓았다. 숟가락을 건네는 어머니 눈빛이 간절했다. 부소는 숟가락을 받아 들며 말문을 열었다.

"춘추공께서는 어떻게 견디셨을까요?"

"대야성이 무너지고 고타소 아가씨가 그리된 다음에 보름이 넘도록 집에만 틀어박혀 계셨단다. 그러실 만했지. 서라벌이 위험하다느니, 품석이 죽일 놈이라느니, 서라벌이 온통 들끓었으니까."

"얼마나 기가 막히셨을까요?"

"춘추공이 그러셨다지. '사내대장부가 어찌 백제 하나를 삼키지 못하랴.'라고. 그러고는 여왕님을 만나러 월성궁으로 들어가셨고, 돌아와서 곧바로 고구려로 갈 차비를 차리셨다고 하더라."

부소는 단양에서 만난 춘추공의 여윈 얼굴을 생각했다.

"대야성 일이 가슴에 맺히셨겠지요."

"그래, 다들 걱정하고 있다. 위험한 곳엘 가셨다고. 무사히 돌아오셔야 할 텐데. 그래서 김유신 장군이 대비하고 있다고는 하더라만."

"대비요? 어떻게요?"

"석 달이 지나도 돌아오시지 않으면 김유신 장군이 군사를 이끌고 고구려로 쳐들어가신다던데? 그래서 군사들을 엄청 훈련시키고 있다더라."

부소가 말없이 고개를 끄덕였다.

"부소야, 이제 춘추공이 오시면 처분을 기다리자. 처형만 아니면 어떤 험한 벌을 받더라도 지금보다야 낫지 않겠니? 더는 못 할 짓이다."

부소는 고개를 끄덕였다. 그럴 생각이었다. 어머니와 소식도 모르고 사는 일은 그만할 생각이었다.

부소는 새벽어둠이 가시기도 전에 어머니가 일러 준 낭산 자락으로 갔다. 고타소의 무덤에는 봉분의 떼도 제대로 자라지 않고 있었다. 무덤을 보니 정말 고타소의 죽음이 실감 나며 억장이 무너지고 가슴이 찢어졌다.

"아가씨! 고타소 아가씨!"

이 차가운 무덤 안에 고타소 아가씨가 목도 없이 누워 있다니 부소는 기가 막혔다. 누가 볼까 하는 걱정도 잊은 채 무덤에 고개를 박고 하염없이 울었다.

해가 나면서 무덤에는 따사로운 햇살이 비쳤다. 아무리 햇살이 비쳐도 땅속은 어둡고 추울 것이었다. 어둠 속에 혼자 누워 있는 고타소는 얼마나 무섭고 외로울까?

부소는 고개를 들어 하늘을 올려다보았다. 무덤가에 높은 솟대가 서 있었다. 새벽녘에 왔을 때는 보이지 않던 게 밝은 햇살 속에 선명하게 드러나 있었다. 솟대 끝에 새 한 마리가 올라앉아 있었다. 부소는 손으로 해를 가리고 그 새를 유심히 쳐다보다가 소스라쳤다.

"저건!"

솟대 위의 새는 분명 예전에 부소가 다듬어 준 나무 새였다. 춘추공이 혹시 아느냐고 묻던 그 새였다.

'저것이 왜 저기에 있는 거지? 누가 저 새를 올려놓았을까?'

새를 받고 좋아하던 고타소의 모습이 눈에 선했다.

"꼭 돌아와서 내 옆에 있어 줘."

고타소 목소리가 선명했다. 부소는 돌아왔는데, 옆에 있으려 해도 고타소가 없었다. 부소는 다시 눈물이 쏟아져 무덤에 엎드려 오래도록 울었다.

"부소 형!"

부소는 화들짝 놀라 고개를 들었다. 법민이었다. 부소는 엉거주춤 일어나 법민 앞에 섰다.

"잘 왔어!"

법민은 부소를 와락 끌어안았다.

"공자님! 고타소 아가씨……."

부소는 들켰다는 생각도 잊고 소리 내어 엉엉 울었다.

"나도 힘들어 죽을 것 같아."

법민이 입을 앙다물었다.

뒤로 보이는 야트막한 낭산은 부소가 법민과 고타소와 함께 가끔 소풍 나오던 곳이었다. 겨울 숲은 춥고 쓸쓸했다. 고타소가 좋아하던 키 작은 풀꽃도 없고 새소리 하나 들려오지 않았다.

법민이 솟대를 올려다보며 말했다.

"누이가 보관하던 함 속에 나무로 깎은 새 하나가 비단에 싸여 있었어. 형, 맞지?"

부소는 대답하지 않았다. 법민도 대답을 기다리지 않았다.

"저 새가 누이를 지켜 주겠지?"

부소는 솟대를 올려다보았다. 차가운 겨울 하늘을 배경으로 새는 장대 끝에 단단하게 올라앉아 무덤을 내려다보고 있었다. 고타소 아가씨가 저 새를 각별히 여겨 주었구나. 얼굴을 위로 들고 있어도 눈물이 넘쳐 나서 양쪽 귀로 흘러내렸다. 귓속으로 뜨거운 것이 흘러 들어갔다.

"소백산 근처 어느 장터에서 형을 봤어."

한참 동안 등을 돌리고 서 있던 법민이 부소를 마주 보며 입을 뗐다. 부소는 흠칫, 법민을 보았다.

'역시 법민 공자님이 맞았구나.'

부소는 한심하게 도망치던 자신이 생각나 고개를 떨어뜨렸다. 알고 있었어요, 라고 말할 수가 없었다.

"반가웠지만 끝까지 쫓아가서 형을 붙잡을 수가 없었어. 그래도 돌아서면서 기뻤어. 고구려 군사가 되지 않아서, 그리고 살아 있어서."

"……."

"투항했다는, 위창과 몇몇 군사들 말, 다 맞아?"

부소는 고개를 들지 못했다.

"부소 형은 탈출에 합류하지 않고 남았다고……."

"고구려 군사가 팔을 꽉 붙잡아 누르고 있었기 때문에……."

부소는 하나 마나 한 변명 같아서 말을 끝맺지 못했다. 실제로 부소는 양쪽에서 고구려 군사에게 꽉 잡혀 있었다. 망설일 시간도 없이 숲으로 끌려 들어가긴 했지만, 뿌리치고 도망할 생각을 못한 것도 사실이었다. 먼저 뛰어간 신라군 몇이 화살을 맞고 쓰러지는 걸 똑똑히 보았다. 팔을 뿌리치고 뛰었다면 부소는 죽었을지도 모른다. 그게 꼭 비겁했다고 할 수 있을까? 나중에 더 확실한 기회에 부소는 탈출하고 살아남았다. 그런데 이게 뭐란 말인가?

"시신을 발견하지 못해서 고구려군에 투항했을 거라는 말이 돌았어."

부소는 온몸이 죄어드는 것 같았다.

"공자님은 제가 한심하지요? 비겁하고 대의를 저버린……."

"사실을 말해 줘."

부소는 마른침을 삼켰다.

"동료들이 다 죽을 위기 상황이었어요. 나중에 겨우 탈출해서 돌아왔는데 처형당할 거라는 말에 놀라서, 어머니를 두고 죽을 수는 없다 싶어서 숨었어요. 그러다 보니 돌아올 수가 없게 되어 버렸고요. 비웃으실지 모르지만 제겐 어머니도 대의예요."

법민의 눈빛이 흔들렸다. 부소는 그때 일을 자세하게 이야기했다. 춘추공을 만났던 이야기도 했다. 법민은 고타소 무덤 앞을

왔다 갔다 하며 한참 동안 생각에 잠겨 있었다.

"그때 탈출해 온 위창과 군사들을 만나 확인하고 다시 증언하도록 애써 볼게. 지금은 알천 장군님도 서라벌에 안 계시고 아버지도……."

법민은 깊은 숨을 내쉬었다.

"시간이 좀 걸릴 거야. 그사이에 형은 단양 공방에 잠시 더 가 있는 게 좋겠어. 아버지와 같이 돌아오든지."

"예, 공자님. 면목이 없어요."

"어떤 식으로든 처벌은 면할 수 없어. 알지?"

법민의 표정이 누그러졌다. 부소는 마음이 놓였다.

"그동안 고생 많았지?"

법민은 부소를 끌어안았다. 이제 법민은 부소를 끌어안기에 넉넉하도록 몸과 마음이 자라 있었다.

"그런데 춘추공은 괜찮으실까요?"

"괜찮으실 거야. 아버지께서 자신하셨어. 그리고 만일의 경우에 대비해 김유신 장군님이 병력을 대기시키고 있고."

부소는 고개를 끄덕였다.

부소는 법민이 가고 나서도 종일 산속에 있다가 어두워지고 나서 산을 내려왔다.

갇히든 매질을 당하든 처형만 아니면 감수할 각오로 왔는데 다시 떠나야 했다. 하지만 어머니는 법민 만난 일을 듣고 마치 부소가 죄를 면제받기라도 한 것처럼 좋아했다.

"뭐가 문제겠니? 이제 네가 있는 곳을 알고 있는데. 그만하면 됐다. 너나 나나 이제 마음 졸이지 않고 기다리면 되지 않겠니?"

위창은 국경 지역에 나가 있다고 했다. 법민 말대로 시간은 좀 걸릴 것이다. 그래도 처형은 면할 수 있겠다 생각하니 마음이 한결 가벼웠다.

부소는 새벽이 오기를 기다리며 방 안에 틀어박혀 있었다. 온갖 생각이 들어와 부소 마음을 짓눌렀다. 고타소 일은 갈수록 더 가슴이 아렸다.

"이제는 네 마음이 더 문제로구나. 부소야, 사람 사는 일엔 늘 세월이 필요한 법이다."

"어머니는 모전을 붙잡고 있잖아요? 양털에 색을 입히고, 모전에 문양을 놓고 있으면 이런저런 고통이 잊히던가요?"

어머니는 눈을 동그랗게 뜨고 한참 동안 부소를 바라보았다.

"잊으려고 그러는 게 아니다. 쓰리고 아픈 기억 대신 행복한 기억으로 채우는 거지."

어머니는 길게 숨을 내쉬었다.

"잊으면 가슴이 텅 비지 않겠니? 내겐 아버지 어머니도, 오라버니도, 네 아버지도 모두 살아 있다. 그분들과 행복했던 기억을 고운 문양으로 놓는 거란다."

"저도 그럴 수 있을까요?"

"세월이 힘을 준다고 하지 않더냐? 시간이 지나면 너도 그럴 수 있을 게다."

"……."

어머니 얼굴에 근심이 가득했다.

"그래, 바로 단양으로 가겠느냐?"

"예, 그곳엔 제가 할 수 있는 일이 많아요."

"그래, 돌아올 수 있을 때까지 잘 견디며 마음을 추스르도록 해라."

잠시 눈을 붙이고 새벽에 일어난 부소는 어머니가 마련해 준 길양식을 들고 집을 나섰다.

부소는 잠시 춘추공 집에 들렀다. 집 뒤 둔덕에 앉아서 부소가 일하던 바깥채와 고타소가 머물던 별채를 내려다보았다. 주인 없는 별채가 어둑한 새벽빛 속에 동그마니 앉아 있었다. 춘추공 집 담장 안에는 즐거운 기억들이 참으로 많았다. 하지만 지금은 쓰리고 아픈 사실 하나가 그 모든 즐거웠던 기억들을 없애 버렸다. 아니, 행복한 기억들이 그 때문에 고스란히 쓰라린 기억이 되어 버렸다.

'어머니처럼 나도 다시 행복한 기억들을 불러올 수 있을까?'

부소는 담장을 따라 돌아 나와 형산강 쪽으로 길을 잡았다. 벌써 새벽빛이 희끗하게 밝아 오고 있었다. 더 얼쩡거리면 금세 사람들이 나올 것이다.

별빛이 스러져 가는 강변의 자갈밭이 하얗게 보였다. 강가에서 물놀이를 하던 어린 고타소와 법민의 웃음소리가 들리는 듯했다.

부소는 강을 건너서 서라벌을 돌아보았다. 내내 붙박이처럼 살아온 서라벌을 이제는 도둑처럼 밤에 다녀가고 있었다.

# 부소의 길

"춘추공이 잘못되신 것 아닌가 모르겠네."

큰 마을에 다녀온 공방 어르신이 걱정스레 말했다.

김유신 장군이 군사들을 이끌고 그 지역을 지나갔다는 것이었다.

"춘추공에게 무슨 일이 생겼답니까?"

다그쳐 묻는 부소의 목소리가 떨렸다.

"석 달이 넘도록 소식이 없어서 김유신 장군께서 가는 거라네. 애초에 그런 약속이 있었다는구먼."

"또 전쟁이 나는 것 아니에요?"

젊은 기술자가 근심스레 물었다.

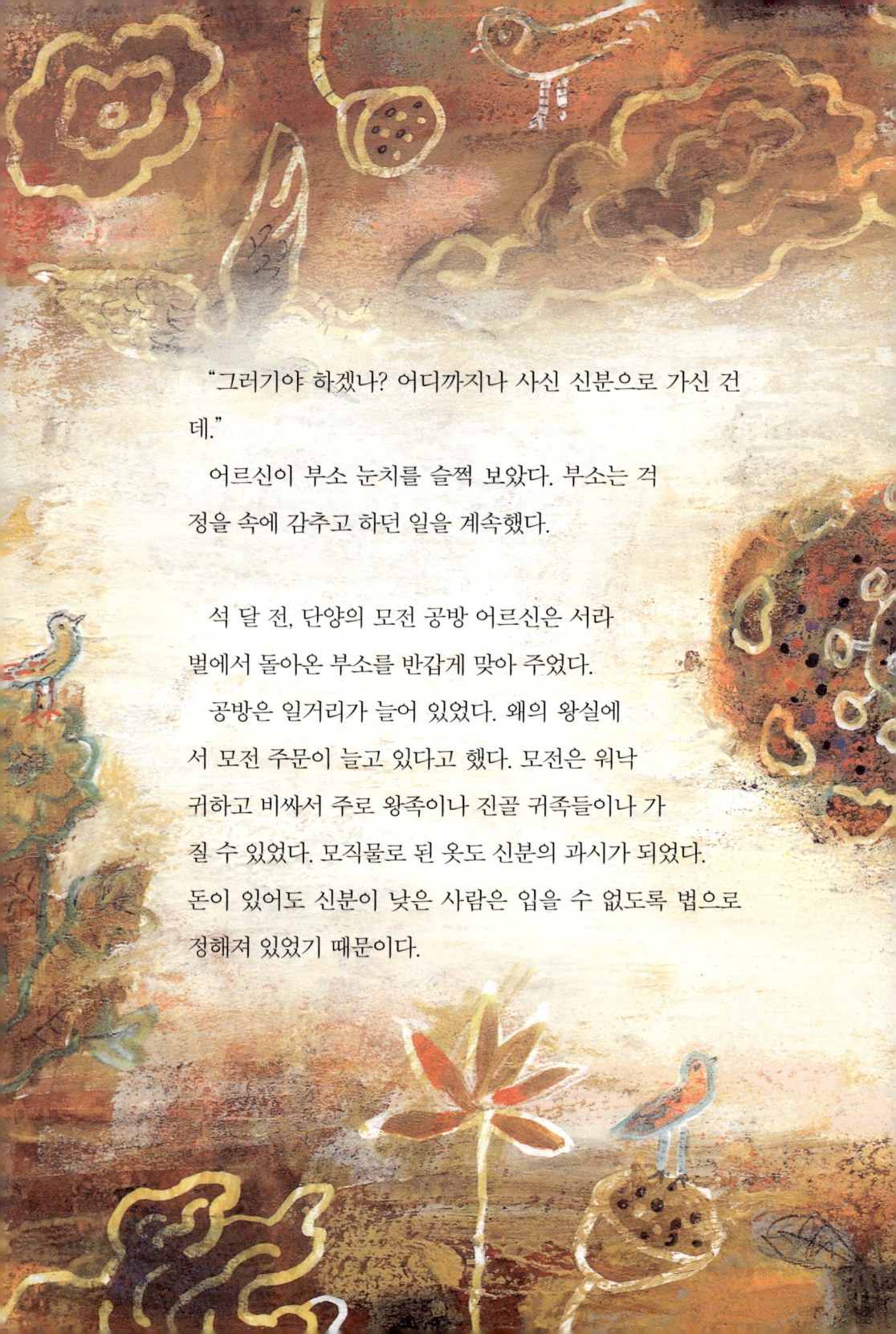

"그러기야 하겠나? 어디까지나 사신 신분으로 가신 건데."

어르신이 부소 눈치를 슬쩍 보았다. 부소는 걱정을 속에 감추고 하던 일을 계속했다.

석 달 전, 단양의 모전 공방 어르신은 서라벌에서 돌아온 부소를 반갑게 맞아 주었다.

공방은 일거리가 늘어 있었다. 왜의 왕실에서 모전 주문이 늘고 있다고 했다. 모전은 워낙 귀하고 비싸서 주로 왕족이나 진골 귀족들이나 가질 수 있었다. 모직물로 된 옷도 신분의 과시가 되었다. 돈이 있어도 신분이 낮은 사람은 입을 수 없도록 법으로 정해져 있었기 때문이다.

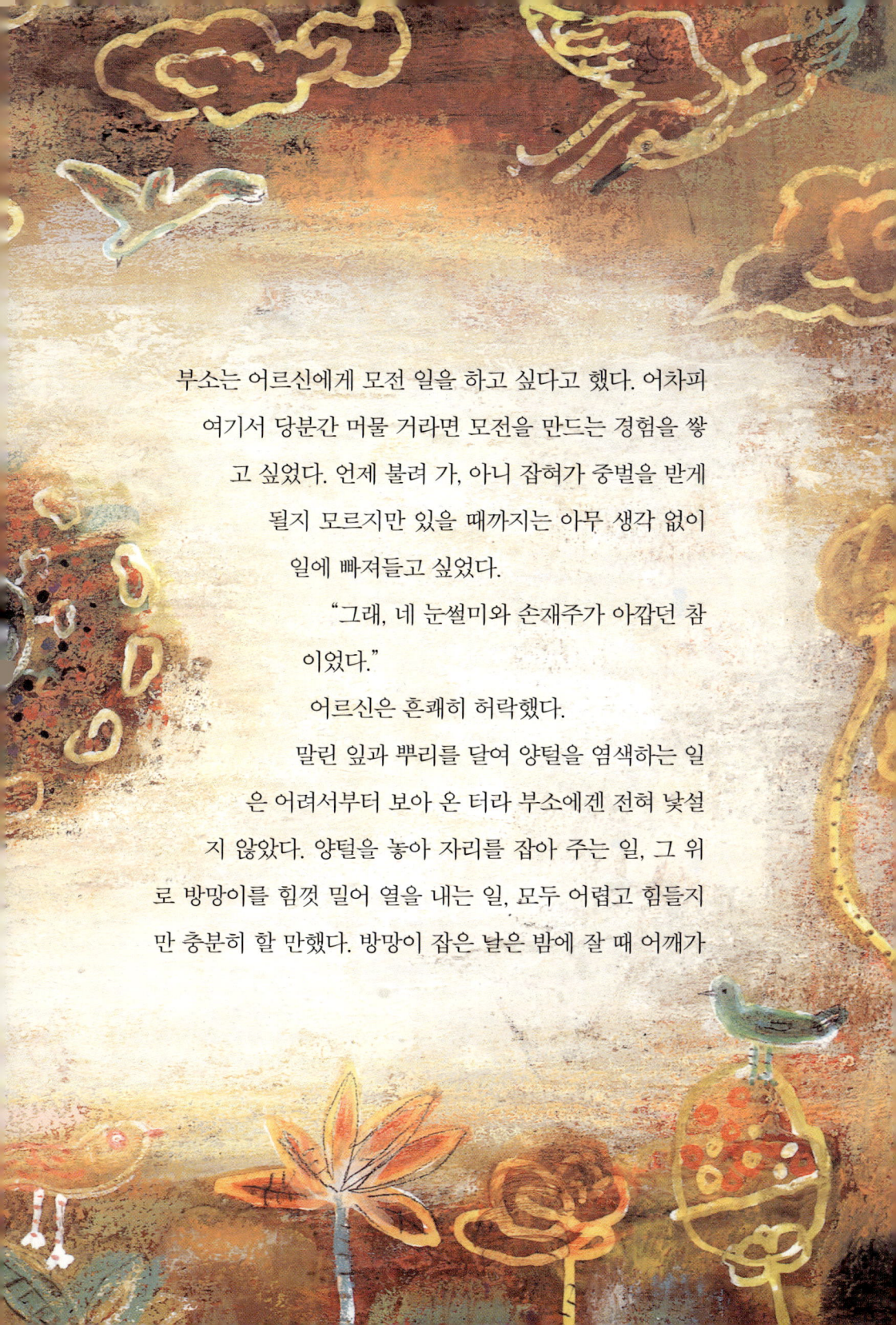

부소는 어르신에게 모전 일을 하고 싶다고 했다. 어차피 여기서 당분간 머물 거라면 모전을 만드는 경험을 쌓고 싶었다. 언제 불려 가, 아니 잡혀가 중벌을 받게 될지 모르지만 있을 때까지는 아무 생각 없이 일에 빠져들고 싶었다.

"그래, 네 눈썰미와 손재주가 아깝던 참이었다."

어르신은 흔쾌히 허락했다.

말린 잎과 뿌리를 달여 양털을 염색하는 일은 어려서부터 보아 온 터라 부소에겐 전혀 낯설지 않았다. 양털을 놓아 자리를 잡아 주는 일, 그 위로 방망이를 힘껏 밀어 열을 내는 일, 모두 어렵고 힘들지만 충분히 할 만했다. 방망이 잡은 날은 밤에 잘 때 어깨가

욱신거렸다. 부소는 금방 요령과 기술을 배웠다. 가끔 문양 놓는 기술자를 거들기도 했다. 부소는 모전 일에 점차 몰두해 갔다.

겨울이 끝나 가면서 들과 숲은 연둣빛으로 새로 태어나고 있었다. 부소는 일꾼들과 함께 염색에 쓸 꽃과 잎을 부지런히 땄다. 넝쿨을 걷어 내고 뿌리를 캤다. 고타소와 산과 들을 헤집으며 꽃을 따던 어린 시절의 기억들이 떠올라 가슴을 아렸다. 그 기억들을 떨쳐 낸다는 건 불가능했다. 부소는 그냥 아픈 대로 기억에 휘둘리며 견뎠다.

이곳 공방 기술자 중에는 악기를 연주하는 모습이나 벌과 나비가 춤추는 모습을 문양으로 넣는 기술자도 있었다. 당나라에서 매우 인기가 있는 모전이라고 했다. 부소는 고타소가 수놓던 새를 생각했다. 나중에 고타소의 새를 모전에 짜 넣고 싶었다.

'언젠가는 고타소의 새가 모전에서 날아오를 수 있을 거야.'

김유신 장군이 지나간 뒤 며칠이 지났다. 은근히 걱정하고 있었는데 다행히 춘추공이 돌아온다는 소식이 들렸다. 양털과 식량 등을 갖다 주러 온 공방 주인집 털보 아저씨가 전해 준 말이었다. 춘추공이 무사히 신라로 입국했고 때마침 국경에 도착한 김유신 장군이 모시고 오는 중이라 했다. 부소는 가슴을 쓸어내렸다. 정말 다행이었다.

저녁참에 공방 어르신이 부소에게 물었다.

"춘추공께서 지난번 그 마을에서 하루 묵으신다는구나. 이런저런 소식도 들을 겸 가 보려는데 함께 가겠느냐?"

부소가 춘추공과 어떤 식으로든 깊은 연관이 있다는 걸 짐작하고 하는 말이었다.

부소는 잠시 생각하다가 고개를 흔들었다. 춘추공이 일부러 부른다면 모를까, 오해가 풀리고 처분이 떨어질 때까지는 그냥 이곳에 있고 싶었다.

"당분간은 모전 일에 열중하겠습니다."

어르신이 고개를 끄덕였다. 밤낮없이 일에 몰두해 있는 부소를 안쓰럽게 보면서도 캐묻지 않는 어르신이었다. 하지만 부소가 능숙하게 모전 일 하는 걸 보고는 기쁨을 감추지 못했다. 어머니가 모전 기술자여서 어깨너머로 보고 자랐다는 말에 어르신은 무릎을 치며 그럼 그렇지, 했다.

공방 어르신이 의복을 갖춰 입고 털보 아저씨와 함께 길을 나섰다.

'춘추공께서 무사하시니 됐어.'

부소는 어르신의 뒷모습을 물끄러미 보면서 혼잣말을 하고는 돌아섰다.

부소는 공방으로 들어갔다. 할 일이 태산 같았다. 모전 일의 모든 공정이 부소를 온전히 몰입하게 했다. 그만큼 성취감도 컸다. 기술자들이 아름답고 포근한 모전을 완성할 때마다 부소는 자신이 만든 것처럼 뿌듯했다. 가끔은 뛰어난 화전 기술자가 일하는 것을 정신없이 보고 있기도 했다. 부소는 잡생각이 나지 않도록 쉴 새 없이 일했다.

다음 날 아침, 차 마실 시간에 공방 어르신과 털보 아저씨는 내내 춘추공 이야기였다. 어제 밤늦도록 마을 사람들과 어울리고 온 모양이었다. 주로 털보 아저씨가 무용담처럼 이야기하고 공방 어르신이 간간이 맞장구를 치는 식이었다. 기술자들은 흥미진진하게 들었다.

"고구려가 죽령 이북의 땅을 돌려주면 백제를 쳐서 신라가 대야성 찾는 걸 도와주겠다고 했다는구먼. 춘추공께서 그 땅은 백 년도 더 오래전에 신라 땅이 된 곳인데 새삼 돌려 달라고 하는 것은 맞지 않다고 거절했다가 갇혀 계셨다네."

"큰일 날 뻔했지."

공방 어르신이 수염을 쓸어내리며 추임새를 넣었다.

"춘추공께서는 배짱 좋게 따지며 버티셨다네. 협상이 안 됐다고 해서 사신을 가두었다는 말은 일찍이 들어 본 적이 없고, 대국이 할 짓이 아니라며 말이지."

부소는 속으로 춘추공답다고 생각했다.

"고구려는 맥없이 풀어 주기도 그렇고 계속 잡아 두기도 뭣하여 당황했다는구먼. 김유신 장군이 군사를 이끌고 온다는 첩보까지 들리니 더 난처했겠지. 신라군이 그 일로 전쟁을 걸어오면

이기고 지고 문제가 아니라 대외적으로 체면이 말이 아니게 되거든. 김유신 장군이 누군가? 십 년 전, 낭비성 전투로 고구려에도 이름을 떨친 명장 아닌가?"

"그래서 할 수 없이 보내 주었다는 겁니까?"

기술자 하나가 물었다.

"뭐, 그런 셈이지. 아, 재미있는 사건 하나가 있었다지. 춘추공께 귀한 선물을 받은 고구려 신하 하나가 넌지시 이야기 하나를 해 주었다네. 토끼가 간을 빼놓고 왔다는 거짓말로 용궁에서 살아 돌아온 이야기였다네. 그 이야기를 듣고 무릎을 딱 친 춘추공께서 고구려 왕에게 죽령 땅을 넘겨주겠다고 약속했다는 거야. 고구려는 그걸 명분 삼아 얼른 춘추공을 돌려보내 주었다네. 국경에 도착하자 춘추공께서는 호위해 온 고구려 장수에게 태연하게 말씀하셨다지. 고구려가 먼저 사신을 가두는 무례를 범했으니 나도 약속을 지킬 생각이 없노라, 하고 말이지."

기술자들도 무릎을 쳤다.

"영락없이 토끼 놓친 자라 꼴이었겠네. 하하하!"

"애초에 고구려로 가신 것도 그렇고, 참 배짱 두둑한 분이시네."

"그 귀한 선물이 이곳에서 마련한 모전 아니었을까요?"

한 기술자가 신이 나서 물었다.

"그건 모르지. 청포도 넉넉히 가져가셨으니까."

"모전만 하겠어요? 우리가 만든 모전이 춘추공을 살렸을 거예요."

기술자들이 하하 웃었다. 부소도 같이 웃었다.

"그런데 김유신 장군께서 이끌고 간 군사가 일 만이라던데, 정말 전쟁을 할 생각이었답니까?"

부소가 물었다. 털보 아저씨가 흥분해서 이야기했다.

"아, 그게 말이지, 나도 그런 줄 알았는데 들어 보니 전쟁을 하지 않기 위해서였다네."

"그게 무슨 말인가?"

기술자들의 눈이 모두 휘둥그레졌다.

"김유신 장군이 일부러 신라가 전쟁을 하러 가는 걸로 소문을 왁자하게 냈다는구먼. 어디든 첩자가 있을 테니 고구려 귀에 들어가라고 말이지. 혹시 춘추공 신변에 문제가 생길까 봐 막으려고 그랬다네. 춘추공께서 무사하시니 덕분에 김유신 장군은 그 동안 새로 기른 병력의 행군 훈련을 살뜰하게 한 셈이 됐다는군."

"아이고, 그랬구먼. 그런 걸 모르고 또 전쟁이 나나 하고 조마조마했네. 김유신 장군도 예사로운 분은 아니시네."

'전쟁을 하지 않기 위해서…….' 참 귀에 익은 말이었다. 부소는 더 이상 전쟁을 하지 않기 위해서 전쟁을 한다던 춘추공의 말을 떠올렸다. 김유신 장군은 춘추공과 제대로 통한다는 생각이 들었다. 두 사람의 가슴속에는 얼마나 큰 그림이 들어 있을까?

"그런데, 결국 별 소득 없이 돌아왔으니 혹시 춘추공 입장이 나빠지는 건 아닐까요?"

부소는 한편으로 걱정이 되어 넌지시 물었다. 털보 아저씨는 고개를 흔들었다.

"자세히야 모르지만 우리 어르신 말씀으로는 왕실에서도 협상에 별 기대는 없었다고 하더구먼. 고구려가 죽령 이북 땅을 요구할 줄 뻔히 알고 있었다는 거야. 그러니까 춘추공께서 주저 없이 거절해 버리신 거지."

차를 따르며 공방 어르신이 덧붙였다.

"고구려와 협상을 시도했다는 것만으로도 백제를 긴장시킬 수 있지. 또, 당에도 신라의 위상을 높일 수가 있어. 당은 자기네가 아니면 신라가 완전히 외톨이라고 그동안 만만하게 대해 왔으니까."

"아, 그런 효과도 있군요."

외교, 나라와 나라 사이의 관계는 부소로서는 알 수 없는 것투성이였다.

부소는 뒤뜰에서 눈이 오는 줄도 모르고 하염없이 생각에 잠겨 있던 춘추공을 떠올렸다. 늘 긴장 속에 산다던 분이었다. 고타소를 잃고, '사내대장부가 어찌 백제 하나를 삼키지 못하랴.'라고 했다던 춘추공, 그분에게 신라는 무엇일까 궁금했다.

기술자들이 하나둘 일어나 일하러 가고도 부소는 가만히 앉아 있었다. 공방 어르신이 부소에게 차 한 잔을 따라 주었다.

"춘추공께서 너에 대해 물으시더구나. 서라벌에 다녀오더니 모전 일에 열중이라고 말씀드렸다."

"……."

"한참이나 아무 말 않고 계시더니 알았다고 하셨다."

부소는 가만히 찻잔을 들었다.

알았다, 춘추공의 한마디가 부소 가슴에 깊이 스며 들어왔다. 춘추공은 부소에게 고구려에서 돌아올 때까지 이곳 단양에서 기다리라고 했다. 그런데 당분간 모전 일을 하고 싶다는 부소에게 춘추공은 알았다는 답을 보내고는 그냥 떠났다. 그 말뜻은 무엇일까? 고구려로 가기 전, 부소에게 실망과 걱정을 함께 보였던 춘추공이었다. 부소를 이곳에 남긴 춘추공의 마음에 가슴이 뭉클했다.

부소는 어르신을 쳐다보았다. 어르신이 가만히 고개를 끄덕여 주었다. 어르신의 눈에 깊은 위로가 담겨 있었다.

"왜에서 주문한 모전 일이 많이 밀렸구나."

어르신은 혼잣말처럼 던지고 공방 쪽으로 갔다.

부소는 오랫동안 꼼짝 않고 있었다. 서라벌로 다시 돌아갈 수 있을까? 이제 나는 무엇을 할 수 있을까? 막막함이 가슴을 온통 내리눌렀다.

법민에게 풀밭 같은 벗이 되고 싶다는 바람도, 고타소 곁에 오래도록 머무르고 싶다는 바람도 모두 물거품이 되었다. 부소는 이제 배신자였고, 고타소는 세상에 없었다.

마당에 서니 차가운 바람 한 줄기가 훅, 뺨을 스치고 지나갔다. 고타소와 함께 형산강을 따라 말달리던 때에도 차가운 바람이 뺨을 스쳤다.
'서라벌, 고타소의 무덤을 넘는 바람도 아직 이렇게 찰까?'
부소는 또다시 가슴이 아려 하늘을 올려다보았다. 눈이 시리도록 파란 하늘에 새 한 마리가 가볍게 날았다.
세월이 흐르면 새가 된 고타소를 날려 보낼 수 있을까? 군사가 아닌 모전 기술자로 당당한 신라인이 될 수 있을까?
눈에 가득 차 있던 눈물이 뺨으로 흘러내렸다.
부소는 바람 속에 잠시 더 서 있다가 공방으로 들어갔다. 기술자들이 각자 일에 몰두해 있었다. 부소는 자기 자리로 갔다. 어제 놓다가 둔 연분홍 양털이 부소를 기다리고 있었다. 홍화색이 곱게 물든 양털이었다.
부소는 자리에 앉아 부드러운 양털 한 움큼을 손에 들었다.

■ 작가의 말

# 서라벌에서 만난 소년

　경주에 가 본 적 있나요? 신라의 옛 왕궁 도시, 서라벌 말이에요. 경주는 '천년 고도'라 불려요. 천 년 동안이나 한 왕국의 수도였던 곳이라 그렇지요. 이처럼 오래 한 나라의 수도를 맡았던 곳은 세계 역사상으로도 흔하지 않아요.
　나는 초등학교 때 수학여행을 시작으로 여러 번 경주에 갔어요.
　언제 가도 경주는 늘 풍성하고 신비로웠어요. 화려했던 신라의 흔적들이 나를 매료시켰지요. 세계 문화유산에 올라 있는 석굴암을 비롯해 수많은 왕릉, 빼어난 절과 탑이 곳곳에 흩어져 있어서 도시 전체가 하나의 유적지라 부를 만했어요. 경주 남산은 바위마다 크고 작은 불상이 새겨져 있어 온통 지붕 없는 박물관 같았고요.

내게는 서라벌이 아름답고 화려한 문화가 번창하던 곳, 용감 무쌍한 젊은이와 뛰어난 예술가들이 넘쳐 나던 곳, 서라벌 사람들의 우정과 사랑이 꽃처럼 피어나던 곳이었어요.
　그 서라벌에 전쟁이 끊이지 않던 시절을 살아 낸 평범한 사람들의 꿈과 아픔, 분노도 있었다는 건 미처 생각하지 못했어요.

　신라, 백제, 고구려가 제각기 자신의 생존을 위해 몸부림을 치던 1400년 전, 역사에 큰 획을 그은 큰 인물들의 꿈과 고민을 좇아 서라벌을 헤집다가 어느 평범한 신라 소년을 만났어요. 삼국 통일의 뒤안길에서 한 왕족 소녀의 안타까운 죽음을 따라가다 만난, 역사에 흔적도 남기지 않은 소년이지요. 그리고 그 소년을 통해서 두려움에 떨며 창을 들고 나서야 했던 수많은 신라 소년들을 만났어요. 어지러운 말발굽 소리와 함께 말이지요.
　내가 만난 소년은 서라벌의 좁은 골목에서, 흐드러지게 꽃이 핀 들판에서, 유유히 강물이 흐르는 강가에서, 숨 막히는 전쟁터에서 웃고, 울고, 묻고, 고민했어요.
　그 소년을 따라 서라벌에서 단양으로, 한강으로, 파주로, 글을 쓰는 내내 역사책과 지도책을 끼고 살았어요. 소년이 살았던 무렵의 신라, 백제, 고구려는 물론 당, 왜에서 일어난 사건과 사람들을 들깨우고, 소년이 밤낮없이 걸어서 지나간 길을 손가락으로 되짚으며 오갔어요.

이 책을 다 쓰고 나서야 이제 서라벌을 제대로 보게 된 것 같아요. 서라벌이 왕과 귀족, 장군들만의 도시가 아니라 수많은 백성들의 도시였다는 걸요.

김춘추와 김유신이 말을 타고 오갔던 서라벌 거리와 반월성. 법민과 고타소, 부소가 함께 놀았던 형산강, 낭산, 계림……. 서라벌엔 지금도 그 옛날의 달이 뜨고, 바람이 불고, 강물이 흐르고 있겠지요.

이제 경주에 가면 군데군데서 옛 서라벌 사람들의 숨소리를 들을 수 있을 것 같아요. 왕과 장군, 군사와 아낙, 소년과 소녀들이 제각각 꾸었던 꿈들이 곳곳에서 수런거릴지도 모르겠어요.

이 글을 쓰기 위해 읽었던 많은 역사책의 저자들에게 감사드립니다.

2012년 여름, 부산 광안리에서
배유안

• 동화로 역사 읽기 •

# 신라는 어떻게 삼국 통일을 했을까?

신라가 고구려를 치고, 이어 백제를 쳐서 한수 상하류를 온통 차지한 이후, 지금까지도 한수는 뺏고 뺏기기를 거듭해 오고 있었다. 아버지의 죽음도 저 강 때문이고, 어머니가 웃음을 잃고 모전에 눈을 박고 있는 것도 저 강 때문이었다. 부소가 지금 군사가 되어 이곳에 있는 이유도 저 강 때문이었다. 본문 중에서

## 신라, 당나라와 손을 잡다

춘추공이 고구려에 갔다가 서라벌로 돌아온 뒤, 신라는 어떻게 되었을까?

백제의 공격은 여전히 끊이지 않았어. 신라는 점점 힘에 부쳤지. 신라 지배층은 이 위기에서 벗어날 방법을 궁리했어. 김춘추는 신라가 살 길은 외교에 있다고 보았어. 신라 혼자서는 강력한 백제를 감당할 수 없다는 것을 알았던 거야. 고구려를 신라 편으로 만들어 함께 백제를 치려는 작전이었지. 그런데 고구려와의 협상이 실패하고 말았잖아? 왜와 친해져서 백제를 견제해 보려고도 했지. 하지만 오랫동안 백제와 친한 나라라 쉽지 않았어.

김춘추는 마지막으로 당나라에 눈을 돌렸지. 사신 자격으로 당나라에 간 김춘추는 당 태종에게 백제를 공격하는 데 힘을 보태 달라고 했어. 당나라는 흔쾌히 김춘추의 제안을 받아들였어. 사실 당나라 또한 손해 볼 장사는 아니었거든. 당시 당나라는 고구려와 여러 차례 전쟁을 했었는데, 매번 지고 말았단다. 자존심

**토용** 흙으로 만든 인물상이야. 왼쪽은 남자, 오른쪽은 여인의 모습이야. 이 토용은 당나라의 그것과 아주 닮아 있다고 해. 당나라와 신라의 긴밀한 관계를 보여 주지. (ⓒ국립경주박물관)

이 많이 상한 상태였지. 당나라는 김춘추에게 백제를 꺾는 데 힘을 보탤 테니, 나중에 당나라가 고구려를 공격할 때 도움을 달라고 했어. 신라를 이용해 수월하게 고구려를 집어삼키겠다는 의도였던 거야.
648년, 그렇게 신라와 당나라는 동맹을 맺게 되었어.
신라가 힘센 당나라를 등에 업게 된 것을 보고 백제와 고구려는 어떡했을까? 그냥 가만히 앉아서 구경만 하고 있었을까?

## 백제의 멸망과 황산벌 전투

나당 동맹에 위기를 느낀 백제와 고구려가 한꺼번에 신라를 공격해 왔어. 655년, 김춘추가 태종 무열왕이 된 다음 해의 일이지. 이 공격으로 순식간에 신라 북쪽의 30여 성이 함락되었어. 김춘추는 당나라에 사신을 보내 약속대로 군사를 보내 달라고 했어.
660년, 마침내 신라와 당의 연합군이 백제를 공격했어. 소정방 장군이 이끄는 13만의 당나라군과 김유신 장군이 이끄는 5만의 신라군이 백제 수도 사비성을 향해 나아갔어. 그런데 이 무렵 백제는 예전의 백제가 아니었어. 파죽지세로 몰고 들어오는 나당 연합군 앞에서 제대로 방어하지도 못했지.
위기를 직감한 백제의 명장 계백 장군이 5천 명의 백제군을 이끌고 신라군 앞을 막아섰지. 이 싸움이 그 유명한 황산벌 전투야.
백제군은 엄청나게 비장했어. 5천 군사로 5만 신라군을 상대해야 하다니, 죽음을 각오하고 싸울 수밖에 없었지. 백제군의 기세

태종 무열왕 작전 회의 기록화 (ⓒ전쟁기념관)

에 신라군은 몇 차례나 물러났어. 화랑 반굴과 관창이 차례로 나아가 용감하게 싸웠지만 모두 장렬하게 죽고 말았지. 너도 들어봤을 거야. 〈한국을 빛낸 100명의 위인들〉 노래에도 나오잖아. "황산벌의 계백, 맞서 싸운 관창, 역사는 흐른다."
이렇게 두 화랑이 죽는 것을 보고서야 신라군은 분에 북받쳐 백제군을 몰아붙였어. 백제군은 죽을힘을 다해 맞섰지만 결국 전멸하고 말았단다.
신라군과 당나라군은 도착한 지 8일 만에 사비성을 함락시켰어. 웅진에 피해 있던 의자왕은 비통해하며 항복했지. 백제와 신라의 길고 깊었던 원한 관계는 660년, 백제의 멸망으로 마무리된 거야.

## 고구려 멸망과 평양성 전투

백제를 멸망시켰으니 이제 공격의 화살은 어디로 향했을까? 바로 고구려겠지. 호시탐탐 고구려를 탐내던 당나라는 사비성을 무너뜨린 다음 해 평양성으로 쳐들어갔어. 하지만 연개소문의 고구려군은 굳건했단다. 당나라는 다시 치밀한 준비 끝에 667년, 고구려를 공략했어. 당시 고구려에는 많은 변화가 있었단다. 고구려 권력을 장악하고 있던 연개소문이 죽었고, 이후 연개소문의 아들들이 권력 다툼을 벌였지. 고구려 내부 상황이 위태위태했던 거야. 이 틈을 타고 고구려를 친 당나라군은 철옹성 같던 요하(랴오허 강, 지금의 만주 남부를 흐르는 강)를 뚫고 고구려로 들어가게 돼. 여기에는 형제들의 권력 다툼에서 밀려나 당나라 편에 선 연개소문의 장남 연남생의 도움도 한몫했지.

당나라군은 평양성으로 향했어. 신라군도 여기에 합류했지.

강이 휘둘러 있고 산세가 험한 평양성의 지형을 이용해 나당 연합군의 공격에 두 달 동안 버텼어. 하지만 결국 나당 연합군의 총공세에 평양성은 무너지고 말았어. 그렇게 평양성 전투를 마지막으로 고구려는 멸망하고 말았지. 668년의 일이야.

**정림사지 비 탁본** 당나라가 660년에 백제를 멸망시키고 사비성에 있는 정림사지 5층 석탑에 그 사실을 기록했어. 이 사진은 그 글의 탁본이야. (ⓒ국립중앙박물관)

### 신라와 당나라, 친구에서 적으로! – 나당 전쟁

고구려까지 쓰러지자, 당나라는 한반도에 발을 뻗으려는 본심을 드러냈어.

당나라는 백제에 웅진 도독부라는 기관을 두어 백제 땅을 다스리려고 했어. 또 고구려에도 마찬가지 목적으로 안동 도호부를 두었지. 신라는 가만있을 수 없었어. 이건 명백하게 나당 동맹을 깨뜨리는 일이잖아? 신라는 당나라를 치기로 결정하게 돼. 참, 이때 신라 왕은 문무왕이야. 태종 무열왕이 죽고 아들 법민이 661년 왕위에 올랐지.

670년, 문무왕은 당나라와 본격적인 전쟁에 들어갔어. 7여 년간 치열한 접전을 벌였지. 675년 매소성(지금의 경기도 연천) 전투에서 20만 당나라군을 물리치고, 676년, 기벌포(지금의 충청남도 서천) 앞바다에서 당나라 수군을 물리치면서 신라는 승리의 기세를 잡았어. 고구려와 백제 백성들까지 끌어들여 싸웠기에 승리를 거머쥘 수 있었지.

결국 당나라가 웅진 도독부와 안동 도호부를 만주로 옮기면서 나당 전쟁은 끝이 났어. 마침내 신라가 통일을 이뤄 낸 거지. 신라의 국경선은 대동강에서 원산만에 이르게 되었어.

### 신라의 삼국 통일, 넌 어떻게 생각하니?

옛날 사람들한테는 '민족'이라는 개념이 없었어. 그러니까 신라,

매소성 전투 기록화 (ⓒ전쟁기념관)

고구려, 백제 사람들이 서로를 '한민족'으로 여기며 '우리는 같은 민족이니까 서로서로 돕고 살아야 돼!' 같은 생각은 하지 않았던 거야. 신라가 자기네 땅을 지키기 위해 당나라와 친구였다가 적이었다가 하잖아. 백제나 고구려도 마찬가지였어. 모두 자기 나라를 지키기 위해 연합하고 배신하고, 뺏고 뺏기고 했을 뿐이야.
요즘 어떤 사람들은 신라가 당나라의 힘을 빌려서 고구려와 백제를 망하게 한 것은 잘못한 일이라고 말해. 다른 민족과 손잡고 우리 민족을 어떻게 칠 수 있느냐는 거야. 만약 고구려가 삼국을 통일했다면 옛 고구려 국경이 지금 우리나라 국경이 되었을 거라며 아쉽다고 말하기도 하지.
6세기를 살았던 옛날 사람들은 신라가 통일한 것을 두고 뭐라고 했을까? 당나라 손을 왜 잡았냐며 손가락질했을까? 고구려 땅을 어떻게 뺏길 수 있냐며 신라를 원망했을까?

# 한눈에 쏙 들어오는
# 삼국 통일의 발자취

### 642년 백제, 신라 대야성 함락
백제군이 대야성을 비롯한 신라의 40여 개 성을 빼앗았어. 김춘추는 이 위기에서 벗어나기 위해 고구려에 도움을 청하러 가게 돼. 하지만 성과를 얻지 못하고 돌아오지.

### 648년 신라와 당나라 동맹
고구려와의 동맹에 실패하자 김춘추는 당나라에 손을 내밀었어. 김춘추는 당 태종과 협상하여 백제를 공격하는 데 군사를 지원받기로 약속받았어. 나당 동맹이 맺어진 거야.

### 660년 백제 멸망
나당 연합군이 백제를 공격했어. 백제군은 황산벌에서 격렬하게 맞섰지만, 결국 무너지고 말았지. 나당 연합군은 그대로 백제 수도인 사비성까지 진격해 사비성을 함락시켰어. 의자왕은 항복을 선언했고, 백제는 멸망하고 말았지.

### 668년 고구려 멸망
667년 당나라군이 고구려를 공격했어. 고구려는 군사 강국답게 1년여 간 끈질기게 버티며 저항했지. 하지만 연개소문이 죽고 내분을 겪고 있는 데다 신라군까지 합세해 대대적인 공격이 이어지자 더 이상 버티지 못하고 평양성을 잃고 말아. 결국 보장왕이 항복하면서 고구려는 완전히 멸망하게 돼.

### 670년 나당 전쟁
당나라가 나당 동맹의 약속을 어기고 신라를 지배하려고 하자, 신라는 당나라와 전쟁을 시작했어. 이 전쟁은 무려 7년여 간이나 이어졌지.

### 676년 삼국 통일
나당 전쟁은 매소성 전투와 기벌포 전투로 기세를 잡은 신라가 당나라를 대동강 북쪽으로 몰아내면서 끝이 났어. 대동강 아래쪽을 신라가 온전히 장악하게 되면서 마침내 삼국 통일이 이루어졌어.

■ 지도로 보는 삼국 통일 과정

- 668년 고구려 평양성 함락
- 675년 나당 전쟁 매소성 전투
- 660년 백제 사비성 함락
- 648년 나당 동맹 체결
- 676년 나당 전쟁 기벌포 전투

당, 고구려, 평양, 매소성(연천), 신라, 사비(부여), 기벌포(서천), 백제

- - - - 660년경 삼국 국경
- - - - 676년 통일 신라 국경

## 부소가 살았던 그때, 세상엔 무슨 일이?

### 그 시각, 한반도에서는?

**631년 고구려** 당나라의 침입을 막기 위해 천리장성을 쌓기 시작했어. 다 쌓는 데 무려 16년이 걸려 647년에 완성하였지.

**632~637년 신라** 신라 수도 서라벌에 첨성대를 세웠어. 지금까지 남아 있는 동양 최고의 천문대이지. 정확하게 몇 년도에 세워졌는지는 몰라. 선덕 여왕 때 세워졌다고 보는 의견이 유력해.

**641년 백제** 무왕이 죽고 의자왕이 왕위에 올랐어.

**642년 고구려** 연개소문이 영류왕을 죽이고 영류왕의 동생 보장왕을 왕위에 올렸어. 스스로 '대막리지'라는 벼슬자리에 올라 막강한 힘을 휘둘렀지.

**647년 신라** 상대등(신라 으뜸 벼슬) 비담이 난을 일으켰어. "여자 군주는 나라를 다스릴 수 없다."는 이유였지. 김유신 장군이 반란을 제압하고 비담과 이 난에 참가한 진골 귀족을 처형시켰어. 선덕 여왕은 이 난이 벌어지던 도중 죽었단다. 뒤이어 진덕 여왕이 왕위에 올랐어.

**654년 신라** 진덕 여왕이 죽고 김춘추가 52세 나이로 왕위에 올라 태종 무열왕이 되었어.

**661년 신라** 태종 무열왕이 병으로 죽고, 아들 법민이 문무왕에 올랐어.

### 그 시각, 세계에서는?

**622년** 이슬람교의 창시자인 마호메트가 메카(지금의 사우디아라비아 서남부에 있는 도시)에서 메디나(메카 북쪽에 있는 도시)로 활동 영역을 옮기고 이 해를 이슬람교의 기원으로 삼았어. 이때부터 이슬람의 역사가 시작되었다고 해.

**626년** 당나라 이세민이 황제 자리에 올라 당 태종이 됐어. 당 태종은 중국 역대 황제 중 최고의 성군으로 불려. 백성을 귀하게 여기고, 공정한 정치를 하고, 인재를 고루 뽑아 썼지. 사람들은 그가 다스리던 시기를 '정관의 치'라 부르며 칭송했단다.

**645년** 일본에서 쿠데타가 일어나 다이카[大化] 개신을 실시했어. 이 개혁으로 여러 호족들에 흩어졌던 힘이 천황에 집중되었어. 일본 황실은 중국 당나라의 제도를 본떠 질서 있고 공정한 정치 체제를 갖추고, '다이카 1년' 식으로 연호를 사용하기 시작했어.